JN064131

国立代々木競技場と丹下健三

成長の時代の象徴から、成熟の時代の象徴へ

豊川斎赫

TOTO
建築叢書

装幀　中島英樹

はじめに

豊川斎赫

成長の時代の象徴から、成熟の時代の象徴へ

1964年10月19日、IOC（国際オリンピック委員会）のブランデージ会長は、国立代々木競技場を設計した建築家・丹下健三に対し、「オリンピック・ディプロマ・オブ・メリット」（功労賞）を贈った。本来、「オリンピック・ディプロマ・オブ・メリット」はオリンピック運動の推進に特別の功労のあった個人を讃えるものだが、丹下が受賞したのは世界一といわれる屋内プールの設計を高く評価したためであった。この受賞を伝える新聞紙面にはIOCのコメントが掲載され、「スポーツが丹下氏の仕事を鼓舞し、一方、数多くの世界記録がこのプールで生まれたことが示すように、丹下氏の作品が選手たちの力をかきたてた。スポーツと芸術の密接な関係を示してくれた」と紹介されている。

それから約半世紀を経た2012年9月、ブエノスアイレスで開かれたIOC総会で2020年のオリンピック東京招致が決定し、代々木競技場は

ヘリテージゾーンのレガシーとしてハンドボール会場に指定された。

高度経済成長を知る世代にとって代々木競技場は成長の時代の輝かしい成果であった。また、ガールズイベントに参加するためにここを訪れる若い世代にとって代々木競技場は現代の女神たちが降臨する場所となる。しかし、より大きなスパンで代々木競技場を俯瞰すれば、かの地は観兵式が行われた陸軍練兵場であり、敗戦直後のGHQによる接収を経て、五輪招致を機に「平和でより良い世界を作ることに貢献すること」（オリンピック憲章）を謳う競技会場に生まれ変わった歴史をもつ。さらに五輪終了後の代々木競技場はスポーツの殿堂となることを目指し、他方では時代に即したエンターテインメントの檜舞台として今日まで竣工当時の姿のまま保全されてきた。いわば代々木は20世紀日本の歩みを凝縮し、そこに毅然と立ち続ける代々木競技場は20世紀日本のカルチュラル・ヘリテージと呼ぶべき建築となった。極論すれば、代々木競技場はかつての成長の時代の象徴から成熟の時代の象徴へと昇華したといえよう。

本書は筆者の主張を裏付けるべく5つの章を用意した。第1章は「朝日新聞紙面から読み解く代々木競技場」と題し、過去半世紀にわたって朝日新聞で報じられた代々木競技場関連の記事約6,800本を紐解きながら、スポーツの殿堂、エンタメの檜舞台、国家の催事と五輪のレガシーという3つの側面から代々木競技場が担った役割を浮かび上がらせる。なお、代々木競技場ではオリンピックプールの市民開放、国際フィギュアから、国内外アーティストのコンサート、ファッションイベントまで、多種多様なイベントが開催されてきた。このため、代々木競技場に一度も足を運んだことのない読者にとっても、何かしら興味関心を持って読んでいただけるのではないか、と期待している。

第2章は「丹下健三による建築作品の5つの特徴」と題し、代々木競技場を生み出した建築家丹下健三のキャリアを振り返り、丹下のデザイン的特質を明らかにしながら代々木競技場を考察するための要素を検討する。

第3章は「都市デザインから読み解く代々木競技場」と題し、明治・大正・昭和前期・戦後の都市計画と代々木周辺の変容を追い、戦前の陸軍練兵場、戦後のワシントン・ハイツ、オリンピック直前の返還交渉のプロセスを追う。

第4章は「建築デザインから読み解く代々木競技場」と題し、設計者選定、基本設計、実施設計、施工現場での建設プロセスについて、一次資料を用いながら詳細に追う。

第5章は「保全・管理から読み解く代々木競技場」と題し、竣工以来、代々木競技場の保全管理を担ってきた特殊法人国立競技場（現在の日本スポーツ振興センター）の取り組みを整理する。特に彼らが定期的に発刊してきた『月刊国立競技場』を紐解き、景気変動と歳費削減に直面しながら、半世紀にわたって代々木競技場を竣工当時のままに保全してきた取り組みを分析する。

以上の章立てを学術的な区分けで読み替えれば、第1章は社会学的な手法によるメディアの中の代々木競技場論であり、第2章は建築史的な手法による丹下論であり、第3章は都市史的な手法による渋谷・代々木論であり、第4章は建築意匠から見た代々木競技場論であり、第5章はコンサベーション・マネジメントの観点から見た代々木競技場の履歴と位置付けられる。以上5つの章はいずれも世界遺産登録を目指す代々木競技場の評価に欠かすことのできない視座となっており、扱う内容によってやや重複する箇所が散見される点をあらかじめお断りしておきたい。

また本書は筆者がこれまでさまざまな媒体で展開した論考（複数の著作、「日本建築学会計画系論文集」掲載論文、「日本建築学会技術報告集」掲載報告、雑誌『ディテール』での連載、「渋谷のオリンピックと丹下健三展」図録（白根記念渋谷区立郷土博物館・文学館2020）など）をもとに構成されている。そのため、より詳細な情報を必要とする場合は、そちらを参照いただきたい。

目次

第１章　朝日新聞紙面から読み解く代々木競技場

代々木競技場は、1964年10月10日から24日まで開催された、第18回オリンピック東京大会の水泳・バスケットボール競技会場として整備された。その後、多種多様なスポーツの競技会場として半世紀以上にわたり活用され、今日に至る。また、近年では国内外のアーティストのコンサート会場となり、煌びやかなファッションショーの会場としてテレビニュースで紹介されることもしばしばである。

そこで、本章では朝日新聞紙面に記された代々木競技場の記録を紐解きながら、多面的に利用されてきた代々木体育館を3つの側面から整理してみたい。1つ目はスポーツの殿堂としての側面であり、2つ目はエンタメの檜舞台としての側面であり、3つ目は国家行事が遂行される五輪レガシーとしての側面である。

1-1　スポーツの殿堂

(1) 1964年：オリンピックとパラリンピック

先に触れた通り、代々木競技場は第18回オリンピック東京大会の水泳・バスケットボール会場として計画され、1964年9月5日に落成式を迎えた。同日の夕刊には秩父宮妃殿下によるテープカット、愛知揆一文部大臣による式辞が紹介され、「待望の聖火が沖縄に到着する日を前

図1-1　第一体育館を視察される皇太子

図1-2　第一体育館に設けられた飛び込み台

に、最も代表的なこのオリンピック施設がめでたく完工したことはまことに意義ぶかい。建築学上も画期的なものといわれるこの競技場は、日本建築界の高い技術水準を示すもので、関係者の努力に敬意を評したい。大会後もスポーツの殿堂となり、スポーツの普及振興に寄与することを望む」と記されている。また式典の後、オリンピック代表の男女選手による「プール開き」の模範水泳が行われ、シンクロナイズドスイミングや高飛び込みが披露された。同様に第二体育館では、リッカーミシンと三井生命によるバスケットボール模範演技が行われた。（図1-1、1-2）

その後、オリンピック開催直前まで慌ただしく準備が進められ、10月1日には、日本水泳連盟がオリンピック開催前の同月1日から5

図1-3　第一体育館内に設けられたオリンピックプール

日まで代々木競技場の水泳プールを有料公開し、各国オリンピック選手の練習ぶりを見学できるようにする、と伝えている。同月6日には、海外の水球チームから代々木競技場のオリンピックプールの水深が浅すぎるとの苦情が寄せられ、オリンピック組織委員会が対応に苦慮した、という。そもそも水球競技は東京体育館と代々木競技場で開催予定であったが、海外チームは水深が十分な東京体育館のみで競技を行うよう主張した。同月8日には、オリンピック組織委員会が代々木競技場のプールの水量を増やして水深を確保することで、海外チームが訴えを取り下げ、予定通りの会場で競技が開催される、と報じている。

同月10日に始まったオリンピック期間中、代々木競技場では水泳競技とバスケットボー

図1-4　女子400mメドレーリレーで世界新記録を出した米国チーム（1964.10.18）

図1-5　男子バスケットボール　アメリカ対ペルー戦（1964.10.13）

図1-6　万国旗が降ろされる代々木競技場（1964.10.13）

ル競技はつつがなく行われ、特に前者ではアメリカ勢の躍進に注目が集まった（図1-3、1-4、1-5）。その中で、日本勢は10月18日の競泳男子800m自由形リレーで銅メダルを獲得している。

オリンピックが閉幕する同月24日には「五輪施設の〝身のふり方〟」と題された記事が掲載され、「巨額の工費で新・改築された施設がこれからどう利用されるかは、国民の関心事」と釘をさされている（図1-6）。特に代々木競技場については、特殊法人国立競技場の管理下におかれ、教育的環境を重視して夏にプール、冬にスケート場として一般利用される予定、と報じられた。

またオリンピックが終了した翌月の11月8日、パラリンピック東京大会開会式が織田

図1-7　パラリンピック東京大会第一部閉会式（1964.11.12）

フィールド（代々木競技場に隣接する代々木公園陸上競技場）で開催され、同日付の夕刊には「車イスに乗った22か国の選手、役員約五百七十人が参加した」と伝えている。この大会は国際大会と国内大会の二部構成となっており、第一部の国際大会のために代々木競技場第一体育館は卓球、フェンシング、重量挙げ、スヌーカーの競技会場となり、第二体育館はバスケットボールの競技会場となった。また第二部の国内大会のために第一体育館は卓球（視力障害）、第二体育館は卓球（聴力障害・肢体不自由）の競技会場となった。同月12日には皇后陛下・皇太子ご夫妻が第二体育館を訪れ、バスケットボールの日本対イギリスの試合をご観戦された、と報じている（図1-7）。

図1-8　オリンピック後にスケート場となった第一体育館

（2）1960年代：市民開放と全日本選手権

オリンピックの翌年1965年の1月6日には多くの市民で賑わう代々木競技場の様子が報告されている。渋谷警察署の談話によれば、明治神宮への初詣客の3、4割が参拝帰りに代々木競技場に訪れていた、という（図1-8）。代々木競技場プールはスケート場に模様替えし、前年の12月25日にオープンしたばかりだったが、スケートリンクは連日満員札止めで、1日あたり4、000人がスケートを楽しんだ。また、競技場見学（入場料20円）も1日あたり1万5千人から2万人の大盛況であった。

同年6月1日には代々木競技場オリンピックプールが一般市民に無料開放された。同日の夕刊によれば、午前にオリンピック選手ら

図1-9　代々木競技場内に設けられたこども水泳場

を迎えてプール開きの予定であったが、国立競技場労働組合の夏季手当増額要求のためにイベントが中止となり、プール開きだけが行われた、と伝えている。オリンピックプールは翌2日から9月末まで毎日10時から午後9時まで、一般100円、学生80円で利用可能であった。その後、1968年7月にはオリンピックプールの一般入場者が100万人を超え、多くの市民が水泳を楽しんだ、と報じられた。

代々木競技場には第一体育館のオリンピックプール以外にもこども水泳場と屋内水泳場（第二プール）があり、積極的に一般開放されていた。例えば、1968年6月3日には代々木競技場の屋外に「こども水泳場」が新設され、6月15日から9月8日まで一般公開される、と報じられた（図1-9）。2時間80円で利用可能だが、入場資格は小学生以下の子供とその付添人とされた。1970年1月28日には「温水プール静かな人気」という記事の中で、オリンピック出場選手用に設けられた屋内練習プール（第二プール）が高校の水泳部の練習場としても広く活用されているほか、冬季のアイススケートを楽しんだ後に第二プールで泳ぐ利用者の存在を紹介している。代々木競技場がさまざまな階層の利用者を獲得していたことが分かる。

こうしたスケート、プールの一般利用と並行して、代々木競技場では全日本もしくは日本選手権を冠する重要な大会が開催されてきた。第一体育館オリンピックプールでは、日本選手権水泳大会が1965年から1989年までほぼ毎年開催された。1965年8月26日には「再建なるか〝水泳日本〟29日から日本選手権」と題し、日本水連が水泳日本の立て直しを図ろうと尽力している、と報じている。こうした大会は国内最高峰の競技会であり、日本で最も秀でた選手を見出す大会であるが、それと同時に国際大会への代表選考も兼ねるため、世界に羽ばたく切符を得るための重要な契機となった。同様に1968年からはオリンピックプールは全日本アイスホッケー選手権大会の会場として整備され、1990年まで毎年開催された。

一方の第二体育館に目を転じると、オリンピック終了後、全日本学生バスケットボール大会、翌65年には全日本総合バスケットボール選手権、さらに翌66年からは全日本バドミントン選手権大会の会場となり、改修工事時期を除いて今日まで全日本選手権会場として活用されている。

オリンピック開催直後から一般市民向けに広く開放しつつ、水泳、アイスホッケー、バスケット、バドミントンの各競技について国内最高峰の大会が第一・第二体育館で開催された。その後、これらの大会が数十年にわたって継続されたことで、代々木競技場は複数の競技関係者のみならず一般市民からもスポーツの殿堂とみなされるようになった、と考えられる。

(3) 1970年代：国際親善大会、オイルショック、W杯バレーボール

オリンピック開催以後、代々木競技場では国際親善を目的としたスポーツ大会の会場としても大いに利用されてきた。例えば、1971年4月27日には「〝この友情を永久に〟日中交歓卓球おわる」という記事を掲載している。同年3月に名古屋市開催された第31回世界卓球選手権が開催されて以来、大阪、京都、福岡、札幌、横浜、東京と会場を移動しながら一カ月にわたって日中交歓卓球大会が開催された。この一連のスポーツイベントは日中の友情を交歓し、確認することであったが、大トリの会場として選ばれたのが第二体育館であった。記事によれば、湧き上がる観客席の拍手と歓声の中、「中国の男女チームが、いっせいに日本チーム側にかけ寄り、肩をたたき、堅い握手を交わした」と伝えている。

同様に、第5回アジア男子バスケットボール選手権が1971年10月30日から11月10日までの日程で、代々木競技場第二体育館で行われた。この大会はミュンヘンオリンピックアジア地区

予選を兼ね、日本、韓国、フィリピン、インド、マレーシア、シンガポール、台湾、香港など12カ国が参加した。1971年11月11日付の新聞によれば、男子日本チームは韓国を振り切り全勝優勝を果たすとともに8年ぶり5回目のオリンピック出場権を獲得した。

　しかし、1973年のオイルショックは代々木競技場の運営にも大きな影を落とし、暖房用の燃料費を抑制しながら、施設運営を続けることが求められた。こうした危機を乗り越える方策として、第一体育館のオリンピックプールの上に床を張り、屋内体育館としての利用を模索するようになる。この成果が1977年11月8日から22日にかけて開催されたワールドカップバレーボールの招致であった。1977年11月7日には代々木競技場オリンピックプール特設会場で参加8カ国の女子選手が参加した大会開会式の様子が報じられた。そこには「参加国の名曲、民謡など、歌と踊りでお国ぶりを紹介したあと、選手入場は中国から。ワインカラーのユニホームで胸を張った行進。燃えるような意気が表れるよう。（中略）開催国の日本は赤いベレーにベージュのスーツとガールスカウト顔負け。福田首相らの歓迎のあいさつ。前田悦智子選手が選手宣誓をして式を終え、そのあと特設ステージで日本のタレントが歌うビートの効いた音楽などに選手たちは客席で耳を傾け、八日からの試合開始前に、つかの間の解放感を味わっていた」と記されている。この大会の前売り券は99％の売り上げとなり、日本におけるバレーボールの集客力を示す契機となり、日本女子が優勝、日本男子が2位、ソビエト連邦男子が優勝となった。

参考までに代々木競技場で初めてワールカップバレーボールが開催されて20年後の入場料を紹介すると、１９９７年８月30日付の記事（山梨版）によれば、同年11月21−24日に代々木競技場で開催予定のワールドグランドチャンピオンズカップ97の入場料は８、０００円から１、０００円と設定されていた。

（４）１９８０年代：国際親善大会、春高バレー、ミニバスケ

国際親善を目的としたスポーツ大会は80年代に入っても頻繁に開かれた。例えば、１９８１年７月７日から９日にかけて、代々木競技場第二体育館で東京招待国際ユース卓球大会が開催された。同年７月８日には「団体は中国Ａ：東京招待国際ユース卓球」と題された記事が掲載され、「予選リーグでは中国、日本が強さを発揮し、準決勝２試合とも日中対決となった。しかし、４月の世界選手権で史上初の全種目制覇を果たした中国は、選手層の厚さを見せつけ、いずれもストレート勝ちし、日本に付け込むすきを与えなかった」と伝えている。

１９８５年８月14日付の新聞には「あすからパンパシフィック水泳：世界新期待できそう、ビオンディら強豪参加」と題された記事が掲載された。この選手権は「欧州選手権並みの内容を狙って発足したもので、日、米、カナダ、オーストラリアを中心に16カ国、１６７名が参加するが、いずれも各国の一線級ばかり。個人種目での世界記録保持者が三人、ロサンゼルス五輪の金メダ

リスト六人、銀メダリスト八人、銅メダリスト五人と豪華な顔ぶれ」と報じ、第1回大会の会場が代々木競技場オリンピックプールであった。

１９８６年8月17日から19日にかけて、新体操ワールドカップ東京大会が代々木競技場第一体育館で開催された。同月13日掲載の記事「洗練のわざ、躍動する美　新体操ワールドカップ東京大会」では、世界選手権3連覇のブルガリアに対して、ソ連、中国、東ドイツ、日本などが挑戦する構図を紹介している。入場料は指定S席5、０００円、同A席3、０００円、一般1、５００円（前売り1、２００円）、学生1、０００円（同７００円）となっていた。オリンピックプールの一般利用料が竣工当時一般１００円、学生80円であったことを想起すれば、注目度の高い屋内競技の開催が代々木競技場の経営にどれほど貢献していたかは言うまでもない。

国際親善大会が頻繁に開催される一方で、代々木競技場を全国大会会場として利用する競技団体が増えていった。例えば、１９８５年からは代々木競技場第一体育館をメイン会場として全国高等学校バレーボール選抜優勝大会（春高バレー）が開催され２００９年にまで継続された。春高バレーはテレビを通じて全国放送され、多くの人々に親しまれたが、同時に代々木競技場がバレーボールのメッカとして認識される重要な契機ともなった。また、２００３年の第34回大会では、春高バレー史上最多となる総観客動員数7万9、８７９名（7日間）[1]を記録した。１９９７年2月21日付の記事（山梨版）によれば、春高バレーの入場料は５００円から1、５００円と設定されており、代々木競技場にとって春高バレーは大口のクライアントであった、と考えられる。

同様に、１９８５年、小学生を対象としたミニバスケットボールの全国大会が代々木競技場で開催され、以後毎年の恒例行事となった。この大会は１９７０年に京都に始まったが、日本バスケットボール協会、日本ミニバスケットボール連盟、朝日新聞社が主催となっており、全国の地区予選はもとより、全国大会の結果が逐一朝日新聞の紙面で報じられ、新聞発行部数の増大に貢献したものと思われる。

（５）１９９０年代：プロスポーツの興行とオリンピックプールの廃止

１９８０年代から代々木競技場はプロスポーツ会場として利用され始め、１９８１年６月４、６、７日の３日間、全米プロバスケットボール（ＮＢＡ）オールスター戦が第一体育館で行われた。同年４月10日には「〝神様〟がやってくる　全米プロバスケット６月に東京で３試合」と題して、全米プロバスケットのオールスター16人が代々木競技場オリンピックプール特設コートで３試合開催予定であることを報じた。同年６月４日には「個性豊か〝超高層の空中戦〟きょうから全米プロバスケット」と題し、「米国のバスケットボールは、過去９回のオリンピック出場で優勝８回、準優勝１回の輝かしい成績を残しているが、その頂点に立つプロの迫力満点のプレーは一見の価値がある」と絶賛している。

1990年代に入ると、代々木競技場でプロスポーツをお披露目する流れが加速していく。例えば、NBAのスーパースターであったマイケル・ジョーダンが引退後に元NBA選手らとともに「マジック・ジョンソン・オールスターズ」を結成し、世界各地でプレーを行っていた。東京での競技会場は代々木競技場第一体育館が選ばれ、1995年5月31日に試合が行われた際、入場チケットは10、500〜4、200円に設定された。2年後の1997年5月31日には日本代表と対戦し、1997年6月1日には、この日のマジックは「絶妙なパスを出しては仲間にシュートを放たせ、自らはゴール下に。チーム一の7アシスト、9リバウンドを記録した」と報じている。2000年6月29日には、同年7月29日に代々木競技場第一体育館にて「SUPER GAMES 2000 チーム・オニール対チーム・ピッペン」が開催予定で、SS席40、000円、C席5、000円と報じられた。ここで参考までに学生バスケットボールの入場料を紹介すると、1996年10月18日には、男女各32校が出場する全日本学生バスケットボール選手権が同年11月17日から24日にかけて代々木競技場第二体育館で開催され、当日入場料は、一般・大学生2、000円、中高生800円となっていた。

バスケットボールと同様にフィギュアは日本でも人気のスポーツ競技で、代々木競技場で開催される大会は大入りが続いた。例えば、1995年1月17日に開催されたプロフィギュアスケートの世界大会「チャレンジ・オブ・チャンピオンズ」は賞金総額32万ドルをかけた試合であった。

１９９4年9月6日には、「五輪か世界選手権でのメダルが参加条件だけあって、女子のビット（ドイツ）、ヤマグチ（米）、男子のペトレンコ（ウクライナ）らの豪華メンバーが出場する」と紹介されている。２０００年1月4日に国際オープンフィギュアスケート選手権大会が代々木競技場第一体育館で開催されたが、１９９９年11月4日付の夕刊によれば、アリーナ席２５、０００円、B席5、０００円と記されている。２００5年12月16－18日に代々木競技場第一体育館でISYグランプリファイナル国際フィギュアスケート競技大会が開催された。この大会はグランプリシリーズの上位選手が、男女シングル、ペア、アイスダンスで世界一を決定する大会であり、トリノ五輪の日本代表選手選考会を兼ねていた。２００5年11月8日には、アリーナSS席17、０００円、スタンドC席4、０００円と報じられた（図1－10）。

プロボクシングの試合も90年代から代々木競技場で頻繁に行われるようになった。１９９4年9月17日には、前日に代々木競技場にて世界Jr・バンタム級タイトル戦（WBA）が行われ、鬼塚勝也がTKO負けを喫し、王座を失った件が報じられた。１９９8年9月23日には、前日に世界フェザー級タイトル戦（WBA）が代々木競技場第二体育館で行われ、松本好二が10回TKOで敗れた、と報じられた。２００2年12月18日には女子プロボクシングWIBA世界フェザー級タイトル戦が第二体育館で行われ、入場料が5、０００円に設定された。

同じ頃、プロレスのWWE Far East Tour January ２００3が代々木競技場第一体育館で企画

図1-10　メダル・オン・アイスで演技する羽生結弦選手（2019.12.23）

され、２００２年11月28日付の夕刊によれば、ＳＳ席３０、０００円、Ｂ席５、０００円と報じられた。同様に、２００５年10月12日にK-1 WORLD MAX ２００５が代々木第一体育館で開催され、２００５年９月１日付の夕刊によれば、ＳＲＳ席２２、０００円、Ａ席６、０００円と報じられた。

そもそも国立の名を冠するスポーツ施設ではアマチュア・スポーツが尊ばれ、商業的な広告を掲出することさえ疎まれてきた。オリンピック東京大会以後、高度経済成長を背景とした余暇時間が拡大し、老若男女問わずスポーツが普及し、代々木競技場ではバスケットボール、バレーボールを筆頭に全国大会のみならず、国別対抗の国際親善試合が数多く行われてきた。一方で、国際交流、エンターテインメント性、芸術性を兼ね備えたプロスポーツ競技の会場となる機会が増え、アメリカで人気のプロスポーツ選手が来日し、屋内競技に関しては代々木競技場がお披露目の場のひとつとなった感が否めない。大枚をはたいてでも〝神様〟の技を一眼見ようと全国各地からファンが詰めかけ、90年代以後、代々木競技場でのチケットが高騰する傾向にあったと考えられる。

代々木競技場におけるプロスポーツイベントが増加するのと呼応するように、第一体育館オリンピックプールの一般利用は１９９７年をもって終了し、当該プールの上には常設の床が張られ、飛び込み台は２００２年4月に撤去された。[2]

(6) 2000年代：スペシャルオリンピックスとスケート一般開放の終了

２００２年8月、スペシャルオリンピックス日本夏季ナショナルゲームが開催され、代々木競技場第一体育館も会場のひとつとなった。スペシャルオリンピックスとは知的障害のあるアスリートの祭典で、１９６２年にケネディ家とケネディ財団が知的障害のある子供たちを集めてキャンプを行ったことが始まりといわれる。スペシャルオリンピックスのＨＰによれば、第1回の夏季ナショナルゲームは熊本で開催され、２００２年の大会は第3回に当たり、１、０００人を超えるアスリートが参加し、3、０００人以上のボランティアが大会を支えた。この大会のサポーターを務めたのが、アトランタ五輪女子マラソン銅メダリストの有森裕子だった。２０１８年9月22

日の紙面によれば､有森はスペシャルオリンピックスの活動の趣旨が知的障害者の「福祉」に傾斜し、参加することの意義ばかりを強調する点に疑問を持っていた、という。有森は活動の趣旨を「福祉」から「スポーツ」に変え、成果を讃えることの必要性を説き、知的障害のある人とない人が一緒に参加する「ユニファイドスポーツ」に力点を置いている、という。

また先述の通り、代々木競技場が竣工以来、スケート場を一般開放してきたが、２００５年１月29日には「スケートリンク冬の時代　教室盛況だが…冷え込む人気、閉鎖続々」という記事が掲載され、同年1月30日をもって代々木競技場のスケートリンク一般開放を終了する、と報じられた。記事によれば、最盛期の１９７１年度は１５５日間営業し、1日あたり2，９００人を集客したが、２００４年度は37日間の営業で1日平均４２６人にとどまった、という。

(7) ２０１０年代：全国障害者スポーツ大会とフットサルコート

２０１６年の五輪招致に失敗した東京都は２０２０年の五輪招致に向けて動き出し、２０１３年9月7日にブエノスアイレスで開かれたＩＯＣ総会にて東京が開催地に選出された。その後、同月12日から14日にかけて、第13回全国障害者スポーツ大会が開催され、代々木競技場第一・第二体育館がバレーボール会場となった。２０１３年10月12日には「スポーツ祭東京２０１３：パラ五輪へ、羽ばたけ　全国大会、きょう開幕／東京都」と題された記事が掲載された。この大会は

13の「正式競技」と得点を競わず順位を決めない17の「オープン競技」からなり、選手約3、300名、役員約2、150名が参加する一大イベントとなっている。また、国体終了後に同じ開催地で行われるのが通例で、障害者の社会参加の促進や障害者への理解を深めることが目的となっている、という。

一方で、代々木競技場は屋外空間の利活用にも積極的に取り組み、2010年には競技場西北側に位置するオリンピックプラザにSAMURAI BLUE PARKが設けられ、サッカーW杯南アフリカ大会の日本代表を応援する拠点に位置付けられた。ここには臨時施設としてフットサルコートが設けられた。ワールドカップ終了後もフットサルFリーグの競技会場として活用されたため、本格的なフットサルコートを常設することとなった。

2012年1月5日、代々木競技場にフットサルコートがプレオープンし、クラブハウスの整備が終了した6月1日にグランドオープンを迎えた。2014年11月にはこのフットサルコートを用いて第6回ブラインドサッカー世界選手権大会が開催された。代々木競技場フットサルコートは競技の性格上、会場西側にある野外ステージが懸念材料だったが、東京都が大会期間中は音の出るイベントを組み入れないことを決めた。2013年11月6日には、都公園課は「2020年パラリンピック開催が決まったこともあり、配慮することにした」と説明している。

また、2015年9月2日から7日にかけてIBSAブラインドサッカー・アジア選手権

２０１５が代々木競技場フットサルコートで行われた。この大会はリオデジャネイロ・パラリンピック予選を兼ねていた。２０１５年9月3日には「日本開幕初戦、中国に惜敗　ブラインドサッカー・アジア選手権2日」と題する記事を掲載している。

２０１０年代に入って代々木競技場はフットサルコートが常設され、障害者スポーツ大会が頻繁に開催されるようになり、ブラインドサッカーの拠点としても期待されるようになった。またオリパラ２０２０の東京招致が決定したことで、東京都庁内でも障害者スポーツを優先する雰囲気が醸成された、と考えられる。

２０１５年10月17、18日、障害者のスポーツや文化への理解を深め、支援の輪を広げるイベント「スポーツ・オブ・ハート２０１５」が代々木競技場一帯で開催された。同年6月18日には、車椅子バスケットボールやブラインドサッカーといったパラリンピック競技の体験や、オリンピックメダリストによる「かけっこ教室」などの企画が紹介されている。同様に、翌２０１６年10月14日から16日にかけて、障害者スポーツを応援するイベント「スポーツ・オブ・ハート２０１６」が代々木競技場を中心に開催された。

1-2　エンタメの檜舞台

代々木競技場は竣工以来スポーツの殿堂に位置付けられ、前節では市民社会におけるスポーツの普及、全国大会の開催、国際親善試合の開催に大きく寄与してきたことに触れた。一方で、１９８３年以来、国内外のアーティストによるコンサート会場として利用されてきた。本節では前節と同様に朝日新聞紙面を活用して、代々木競技場で開催されたコンサート、オペラ、ファッションイベントなど民間主導の催事について整理してみたい。

（1）コンサート：ビジュアライブの実験場

代々木競技場で最初にコンサートが行われたのは１９８３年のチャゲ&飛鳥のコンサート「1983.9.30 CHAGE&ASUKA LIVE IN YOYOGI STADIUM」であった。その後、オペラや演劇なども行われたが、ここではまず代々木競技場内で行われた音楽コンサートのうち、新聞紙面上の「前売り開始情報」、「チケット情報マリオン」欄を中心に掲載されたイベントついてプロットすると表1のようになる。

この表を集計すると、１９９２年から２００７年までの四半世紀の間、代々木競技場で最も多くのコンサートを行ったアーティストは松任谷由美（延べ35日）で、次いでチャゲ&飛鳥（延べ25日）、浜崎あゆみ（延べ15日）、久保田利伸（延べ13日）、サザンオールスターズ（延べ10日）、Mr. Children（延べ10日）の順となった。特に松任谷の場合、「シャングリラ」という長期イベ

No	年	月日	アーティスト名	チケット(円)	会場
61	1999	5/15	SIAM SHADE	4,935	第一
62		5/29	CASCADE	4,500	第一
63		8/17-20	Iceman	5,800	第二
64		8/19	DA PUMP	5,250	第一
65		10/16	チャゲ&飛鳥	7,300	第一
66		10/24	ゆず	4,725	第一
67		10/30	Kiroro	4,200	第二
68		12/31	浅倉大介	6,300	第一
69	2000	5/30,31	Every Little Thing	5,800	第一
70		4/28,29,5/2,3	安室奈美恵	6,500	第一
71		3月6日	TLC	8,000/7,500	第一
72		3/4,5	鈴木あみ	5,000	第一
73		4/15.16.18.19	GLAY	6,500	第一
74		5/13,14	浜崎あゆみ	5,500	第一
75		7/15.16	浜崎あゆみ	5,500	第一
76		3/4,5	鈴木あみ	5,000	第一
77		6/10,11	福山雅治	6,300	第一
78		7/1	宇多田ヒカル	6,500	第一
79		6/13,14	福山雅治	6,300	第一
80		8/12	Hello! Project 2000	6,000	第一
81		8/13	Pacific Heaven	6,000	第一
82		8/20	J-WAVE LIVE 2000 SUMMER	5,500	第一
83		11/17,18,19	久保田利伸	6,500	第一
84		11/10	SIAM SHADE	5,000	第一
85		12/7	久保田利伸	6,500	第一
86	2001	3/18	B'z	6,800	第一
87		3/14	T.M.Revolution	5,985	第一
88		8/12,13	J-WAVE LIVE2000+1	5,500	第一
89		9/15.16	DA PUMP	6,000	第一
90		10/20,21,23,24	松任谷由実	7,350	第一
91		12/8	La'crym a Christi	5,800	第一
92		12/4	カミングセンチュリー	6,300	第一
93	2002	7/24	SNAIL RAMP	2,800	第二
94		8/25,26,28,29	V6	6,300	第一
95		9/26,28,29	オアシス	7,000/6,500	第一
96		10/12	hide	6,300	第一
97		9/25	オアシス	7,000/6,500	第一
98		12/30,31	hitomi	5,800	第二
99		12/30,31	浜崎あゆみ	6,800	第一
100	2003	2/22,23	LIVE EPIC 25	7,800	第一
101		4/5,6	BoA	5,800	第一
102		5/17	久保田利伸	6,500	第一
103		6/28 - 7/6	L'Arc-en-Ciel	7,500	第一
104		7/26	Hello! Project 2003 夏	6,800	第一
105		8/9	J-WAVE LIVE 2000+3	6,000	第一
106		7/7,8,9	メタリカ	8,000/7,500	第一
107		8/30,31	DA PUNP	6,000	第一
108		11/22,23	氷室京介	6,800	第一
109		10/9,11,12,13	浜崎あゆみ	6,800	第一
110		12/30,31,3/6,7	浜崎あゆみ	6,800	第一
111	2004	6/5,6	CHEMISTRY	6,300	第一
112		8/28,29	J-WAVE LIVE 2000+4	6,500	第一
113		9/25,26	松浦亜弥	6,300	第一
114		10/22	東京スカパラダイスオーケストラ	5,250	第一
115	2005	4/10	BoA	6,500	第一
116		4/22	浜崎あゆみ	7,500	第一
117		6/4	クロスオーバー・ジャパン	8,400/7,500	第一
118	2006	4/15,16	SE7EN	7,000	第一
119		7/1,2	Excite Music Festival	6,500	第一
120	2007	1/5,6	MISIA	7,500	第一

表1　朝日新聞紙面で紹介された代々木競技場でコンサート一覧（1992-2007）

No	年	月日	アーティスト名	チケット(円)	会場
1	1992	9/23-25	久保田利伸	5,000/4,500	不明
2		10/14.15.17.18	サザン・オール・スターズ	6,500	不明
3	1993	4/1.2	徳永英明	4,500	第一
4		4/8.9.11.12	DREAMS COME TRUE	5,150	第一
5		4/25,26,28,29,5/1,2,4,5	チャゲ&飛鳥	5,500	第一
6		5/9,10	氷室京介	4,635	第一
7		5/3,4	THE BLUE HEARTS	4,000	第二
8		4/29,5/2,4,5	チャゲ&飛鳥コンサートムービー"GUYS"	1,200	第一
9		10/9,10	渡辺美里	5,150	不明
10		10/12,13,15,16	久保田利伸	5,000	不明
11		12/1	Act against AIDS 93	5,150	不明
12		12/2	LINDBERG	3,500	不明
13		12/8	ディープ・パープル	7,000/6,000	不明
14		12/13	ケニー・G	7,500/6,000	不明
15		12/15	デュラン・デュラン	7,500/6,500	不明
16		12/17	カヴァーデイル・ペイジ	7,000/6,000	不明
17	1994	4/28,29,5/1,2,4,5,7,8	米米クラブ	5,500	第一
18		5/1,2	earth, wind & fire	8,000/6,000	不明
19		5月11日	hide	5,000	不明
20		5/17,18,20,21	浜田省吾	6,180/5,665	第一
21		6/11,12	徳永英明	4,800	不明
22		6/14,15,17-19	松任谷由実	5,500/5,000	不明
23		10/13,　14	ホワイトスネイク	6,500/6,000	不明
24		10/16,20,25,29	長渕剛	6,000	不明
25		11/1.2	TUBE	5,000	不明
26		11/26,27	布袋寅泰	5,500	不明
27		12/4	工藤静香	4,500	不明
28		12/10.11.13	B'z	5,150	不明
29	1995	5/12-14,16-18	松任谷由実	5,500	不明
30		4/28,29,5/1,2,6,7	桑田佳祐・Mr.Children	6,000	第一
31		6/22	スティング	8,000/6,000	第一
32		7/1,2	PRINCE	9,000/7,000	第一
33		10/1,2,3,5,6	エリック・クラプトン	8,000	第一
34		10月14日	テイクザット	6,000	第一
35		10/25-27	ヴァン・ヘイレン	8,000/7,000	第一
36		11/11,12	リッチー・ブラックモアズ・レインボー	7,000/6,000	第一
37		11/22,23,25,26	チャゲ&飛鳥	6,180	第一
38		12/6.7.9.10	チャゲ&飛鳥	6,180	第一
39	1996	6/15,16,19,21,22	松任谷由実	6,000/5,500	第一
40		3/29	奥田民生	5,000	第二
41		4/28	RATS&STAR	6,500	第一
42		5/1,2	STOMP	5,000	第二
43		6/17,23	松任谷由実	6,000/5,500	第一
44		9/27,28	Mr. Children	6,180	第一
45		9/21-23	久保田利伸	5,665	第一
46		10/15,16	ドリカム	5,974/5,459	第一
47		10/19,20	hide	6,000	第一
48		12月5日	久保田利伸	5,665	第一
49	1997	5/1,2,4,5,7	ASKA	6,180	第一
50		5/17,18,20,21,23	松任谷由美	6,180/5,665	第一
51		4/22	エターナル/MAX	6,500/6,000	第一
52		9/15	MAX	4,500	第一
53		4/4.5	MAX	5,000	第一
54	1998	4/21.22.24.25,5/24.25.27	B'z	6,000	第一
55		5/8	メタリカ	8,000/7,000	第一
56		6/10.11.13.14	ASKA	6,500	第一
57		6/20.21.23.24.26.27	松任谷由実	6,825/6,300	第一
58		9/17.19.20	大黒摩季	5,500	第一
59	1999	5/14.15	globe	7,350	第一
60		5/5.6	Mr. Children	6,300	第一

ントを第一体育館で1999年から4年ごとに3度行っているが、後述するサーカスの箇所で取り上げたため、「シャングリラ」はコンサートにはカウントしていない。この点も踏まえると、巨大な代々木競技場を最も上手く使いこなし、観衆を魅了し続けたアーティストの一人が松任谷由美であったといえよう。例えば1991年4月6日には「ユーミン「天国のドア」ツアー公演異空間を生む演出」という題の記事が掲載された。記事の中で「ユーミンは毎回大がかりな舞台でファンを楽しませてきた。最近は音楽と照明をコンピューター制御で連動させ、コンサートを超えた新しい視聴覚体験の創造を目指している。本人は「ビジュアライブ」と呼ぶ。（中略）ユーミンは声自体や歌唱力で聴衆を説得するタイプではない。そのことが、音楽と照明と装置を同列の要素として使い、さらに大きな舞台表現を目指す姿勢を生んだ」と紹介している。

松任谷はピンスポットを浴びながらフォークギターを片手に人生の喜怒哀楽を歌い上げるのではなく、総合芸術としての「ビジュアライブ」を目指した。その際、都内に無数に点在するイベント会場から代々木競技場第一体育館を実験場として選んだのは非常に興味深い。

ここで付言すれば、代々木競技場では上記の表以外にも、数多くのコンサートが開催されてきた。しかし、本節は新聞紙面から代々木競技場捉えようとするため、「前売り開始情報」、「チケット情報」にのみ情報源を限定し、開催日数のみをカウントしている。また、普段はグループやデュオで活動しているアーティストがソロでコンサートを行った場合もグループのコンサートとしてカウントしている。なお、「チケット情報」は2007年を境に朝日新聞紙面から消えたが、おそらくインターネットを介したチケット販売が主流になったため、と考えられる。

（2）オペラとサーカス：国際色豊かな総合芸術の実験

オペラについては、1980年代末にいくつか大きなイベントが企画された。1989年5月16日には「〝闘いの舞台〟圧巻、オペラ「カルメン」89年秋、英国から」という記事が掲載され、代々木競技場第一体育館で「カルメン」が上演されることが報じられた。記事によれば、「舞台は〝闘いの場〟にふさわしく、直径30mの円形で、観客はこれを見下ろす形に。数十人規模の本物の闘牛士、フラメンコダンサー、100人以上の子どもたちのコーラス、スタントマンによる激しいアクション場面など、スペクタクルに富む公演になりそうだ」と紹介されている。チケットはS席17,000円、A席12,000円、B席8,000円、C席5,000円と設定された。

また、1989年12月8日から14日にかけて、オペラ「アイーダ」が代々木競技場第一体育館で行われた。このオペラは、イタリア・ベローナでは古代ローマ時代の野外円形芸術場（アレーナ・ディ・ベローナ）で毎年開催されてきたが、出演者から舞台セットまですべてを第一体育館に持ち込む引っ越し公演が行われた。同年11月30日の夕刊には、代々木競技場での公演ではマイクを使わず、コンピューターと反響板を駆使して残響を調整し、生の声とオーケストラの演奏する計画が紹介されている。そもそもベローナの円形劇場（25、000人収容の野外劇場）も代々木競技場（12、000人収容の屋根付アリーナ）もすり鉢状の客席をもつ点で類似するが、音響をいかに処理するかが担当者の腕の見せ所となった。なお、海部俊樹首相は「カルメン」を鑑賞するために11月30日、「アイーダ」を鑑賞するために12月11日、代々木競技場を訪れている。

現代的なオペラとして、スペクタクル・ミュージカル「十戒」が挙げられる。2004年10月28日の紙面によれば、2005年3月4日から13日にかけて代々木競技場第一体育館で開催され、S席13、500円、B席9、000円と報じられた。このミュージカルの音楽を担当したのが仏音楽家のパスカル・オビスポであった。

ダンスについては、2001年5月31日の夕刊によれば、同年10月11日から16日まで、「ロード・オブ・ザ・ダンス」が代々木競技場第一体育館にて開催予定で、S席11、000円、B席7、000円に設定された。これは「リバーダンス」の主演ダンサーとして広く知られるマイケル・フラットレーの振付によるものだった。2001年10月6日の夕刊には「ケルトの調べに乗せ華麗なスペクタクル　ロード・オブ・ザ・ダンス」という記事が掲載され、「ケルト音楽に乗せ、上半身は不動のまま両脚で激しくステップを刻むアイリッシュダンスは、「リバーダンス」の世界ツアー成功で一躍ブームになった」と紹介されている。

サーカスについては、1992年5月21日の夕刊は、シルク・ドゥ・ソレイユによるサーカスミュージカル「ファシナシオン」が代々木競技場第一体育館で開催される、と報じている。シルク・ドゥ・ソレイユは1984年に若いストリートパフォーマーが集まって活動を開始し、北米各都市で延べ130万人の観客を動員してきた。代々木競技場でのチケットは12,000円から4,000円、ファミリー券（4人）25,000円に設定されていた。もともと吊り屋根構造はサーカス小屋のテントに用いられてきたので、第一体育館の中でシルク・ドゥ・ソレイユが公演を行うのは極自然な流れであった、と考えられる。

2年後の1994年3月7日には「美・幻想…新世代サーカス　来日するカナダのシルク・ドゥ・ソレイユ」と題する記事が掲載され、「ファシナシオン」以来2度目の来日公演を代々木競技場オリンピックプラザ特設テントにて新作「サルティンバンコ」を7カ月248回の長期公演する、と報じられている。記事の中で、「鍛えられた肉体芸への驚きや動物芸の楽しさで、年齢を問わず根強い人気を保ってきたサーカスの世界に、新しい流れが育っている。ダンスやストーリー性を加え、音と光を駆使してよりファッショナブルに見せようという、演出重視の流れ」の代表格と評されている。

さらに2年後、1996年3月16日には「新世代サーカス、競演の春「ファンタージャ」と「アレグリア」が掲載され、代々木競技場で開催された「ファシナシオン」には約71万人、「サルティンバンコ」には約56万人の観客を集めた、と紹介されている。2000年9月6日の夕刊によれば、同年10月12日から翌2001年1月28日まで「サルティンバンコ2000」が代々木競技場オリンピックプラザ特設テントで開催され、SS席11、000円、と報じている。

サーカスとコンサートが融合したイベントとして松任谷由美の「シャングリラ」が挙げられる。このイベントは代々木競技場第一体育館において、1999年、2003年、2007年と4年おきに行われ、松任谷正隆が総合演出を担当した。1999年5月24日の夕刊には「創造の瞬間：ユーミン中心に有機的な舞台に」と題された記事が掲載され、「洞窟を模した巨大なセットには、ロシアから三十八人のサーカス団、そして八人のシンクロナイズドスイマーが上る。（中略）スタッフは英米のクリエーターを含め約百七十人。日英ロ三ヶ国語が飛び交う多国籍集団の中で、リハーサルが進む」と紹介されている。1999年の公園はS席11、000円、A席9、500円に設定された。

カルメン、アイーダ、十戒、シルク・ドゥ・ソレイユ、シャングリラは総じて大掛かりなセットを要し、多くの海外スタッフと日本のスタッフが協働して作り上げたエンターテインメントであり、国際文化交流としても評価できよう。またいずれもが音楽、ダンス、照明、舞台装置を融合して大観衆を魅了する総合芸術の実験であった。

（3）ミュージカル、氷上ミュージカル、演劇

ミュージカルについて、1993年4月22日の紙面によれば、同年5月1日に代々木競技場第二体育館にてポンキッキ・ドリームコンサートが米歌手のダイアナ・ロスの監修により開催予定で、入場料は4、000円に設定された。同様に1995年2月24日の紙面によれば、ダンスミュージカル「1999…月が地球にKISSする」が同年4月28日から5月7日にかけて代々木競技場第二体育館にて開催予定で、音楽を小室哲哉が担当、内田有紀らが出演し、入場料が5、000円と設定された。なおこのミュージカルは〈LIVE UFO95〉の一環で企画された。1997年1月10日紙面によれば、ロック・ミュージカル「ROCK TO THE FUTURE」が1月23日から2月9日にかけて代々木競技場オリンピックプラザに建設された原宿HOUSE OF D・LIVEにて開催予定で、西城秀樹らが主演、SS席7、500円、A席5、000円に設定された。同年4月18日には、ミュージカル「Oh！マイSUN社員」が同年5月10日から8月10日まで、代々木競技場オリンピックプラザ・ホワイトシアターにて開催され、S席5、500円、A席3、000円と報じられた。

氷上ミュージカルについては、「ディズニー・オン・アイス」が代表的である。例えば、2002年6月5日の夕刊によれば、同年7月20日から24日まで、代々木競技場第一体育館で「ミッキー&ミニーのジャングルアドベンチャー」と題し、ディズニーアニメ「ジャングル・ブック」、「ターザン」、「ライオンキング」の世界を再現し、S席5、800円、A席4、200円が設定された。同様に２００３年３月20日付の夕刊によれば、「美女と野獣スペシャルエディション」と題し、７月19日から23日まで午前・午後・夕方の１日３公演行う、と報じられ、Ｓ席５、８００円に設定された。さらに２００５年３月24日付の夕刊によれば、７月16日から20日にかけて、ディズニー・ピクサーによる「モンスターズ・インク」が開催され、Ｓ席５、８００円、Ａ席４、２００円が設定された。

演劇については、野田秀樹が率いる「夢の遊民社」は１９８６年６月、劇団結成十周年を記念してオペラ「ニーベルゲンの指環」を下敷きにした三部作を代々木競技場第一体育館で上演し、１日で２６、０００人を集めて世間の耳目を集めた。もともとは１９８５年に紀伊国屋ホールで「白夜の女騎士（ワルキューレ）」が初演され、86年に続く「彗星の使者（ジークフリート）」、「宇宙（ワルハラ）蒸発」が製作され、代々木競技場で一挙上演された。１９９２年３月12日付の夕刊には「「宇宙的」な叙情の世界　解散する「夢の遊民社」」と題する記事が掲載され、同劇団の特徴を３つ挙げている。第１に小劇場系劇団随一の観客動員力を誇り、代々木競技場に１日で２６、０００人集めた点が強調されている。第２に、「なぞを秘めた複雑な構造と奇抜なことば遊びが共存するその劇は、人間や物事のはるか失われた始原を探し求める作品が多い」と評されている。第３に、企業との積極的連携路線が指摘され、野田には小劇場系演劇人に多い反体制的な拘りがなく、大手企業との協賛公演を積極的に推進した、と指摘する。この点については、1989年7月22日の「新・文化と企業：蜜月時代「冠」イベントは目白押し、新顔も参入」と題した記事の中でも指摘されている。記事によれば、バブル期の大企業による「文化戦略」の一環として、ミュージカルやオペラ、大物アーティストのコンサートに大企業が軒並みスポンサーとなった経緯が描かれ、「夢の遊民社」による代々木競技場公演にもNTT、SUZUYA、TORAYが協賛した点が触れられている。

（4）ファッションショー：東コレ、TGC、ガールズアワード

代々木競技場では80年代から時代を象徴するファッションショーが開催されてきた。例えば、1985年11月6日には「「東京コレクション」旗揚げ　デザイナー31人が団結、初のショー」という記事が掲載され、代々木競技場内に設置した1、000人収容の大テントなどで開催された、と報じている。記事によれば、同年7月に結成された東京ファッションデザイナー協議会（三宅一生・代表幹事）がパリやニューヨークに倣って年2回のショーを開催し、森英恵、山本寛斎、山本耀司、吉田ヒロミ、川久保玲などが参加する、と紹介された。翌1986年4月10日には「86秋冬コレクション、カラス色に熱い視線」と題された記事が掲載された。代々木競技場特設テントで開催されたコム・デ・ギャルソン（川久保玲社長）のショーについて、「黒を基調にした「カラスファッション」が若い男女に熱狂的なファンを持ち海外に名が売れているだけに、約2、

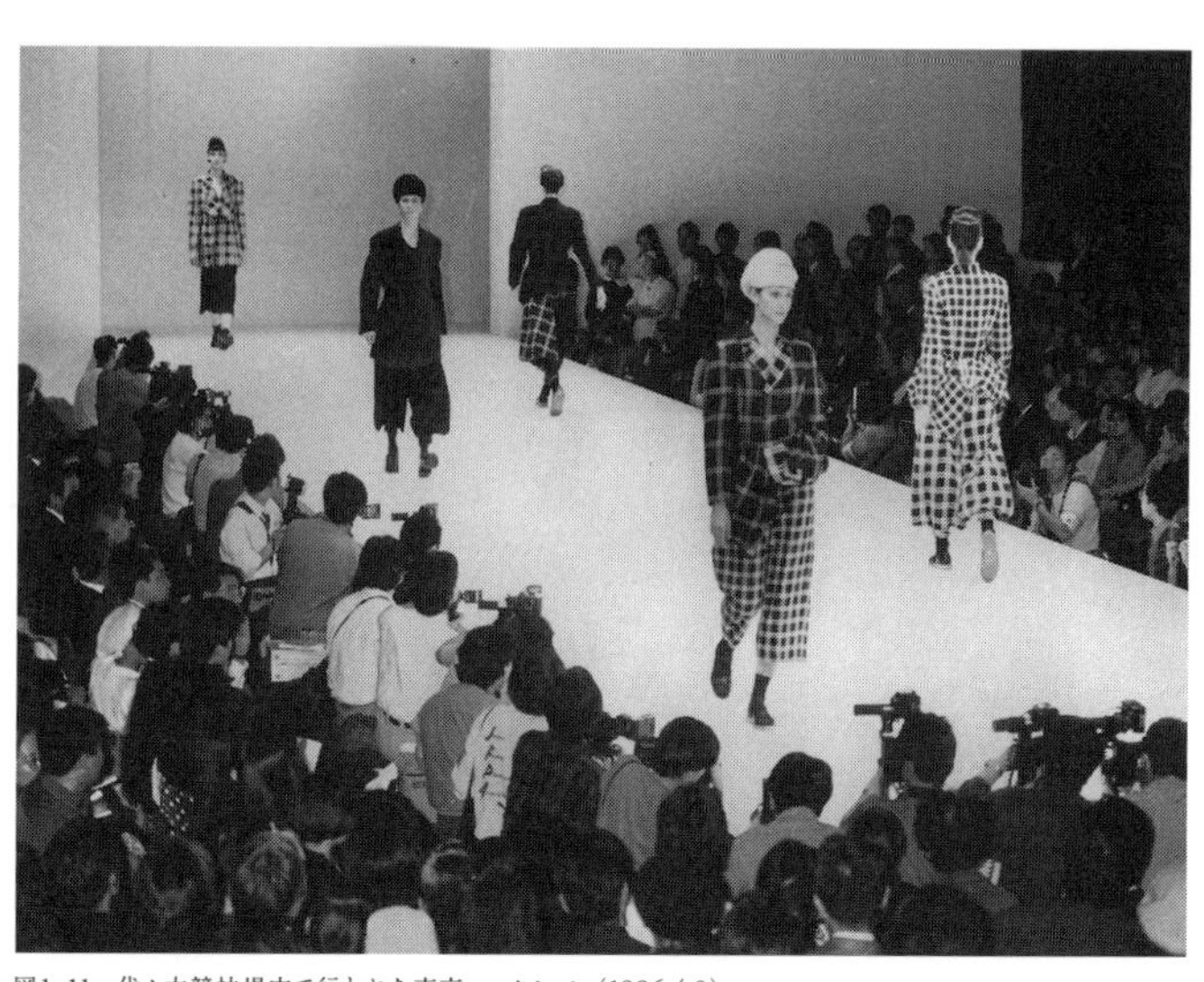

図1-11　代々木競技場内で行われた東京コレクション（1986.4.9）

000人の内外関係者が詰めかけたほか、入りきれないファンが会場の外の中継テレビに見入るほどだった」と報じられた（図1-11）。

それから10年余り経過し、1997年11月21日には「日本現場紀行：東京コレクション深井晃子さんと行く」と題された記事が掲載された。98年春夏東京コレクションでは60件ほどのショーが開かれ、参加者数も年々増えているが、全体としては精彩を欠いている、と手厳しい。というのも、中堅、新人デザイナーまでもがパリへ進出している事態に懸念が示され、その遠因のひとつとして、パリがさまざまな異文化を吸収して世界のモードの中心になったのに対して、東京はアジア諸国からの諸文化を吸収する伝統がないことが指摘された。一方で、第1回東京コレクションについて「参加者は今と比べればずっと少なかったですが、代々木競技場のわきの空き地に立てたテントが会場で吹き出してくるような熱気がありました。コム・デ・ギャルソンや山本耀司さんも世界的に注目され出したころで、みんな元気でしたね。今ではほとんどゼロですが、当時は海外のジャーナリストも見かけました」と回想している。

これに対して、21世紀に入ると、若い女性をターゲットにしたファッションイベントが代々木競技場で開催されるようになった。例えば、２００６年3月17日には「人気モデル＋ケータイ通販＋クラブ風演出　東京ガールズコレクション、熱気」と題された記事が掲載された。同月11日、２００５年に続き2回目となる東京ガールズコレクション（ＴＧＣ）が代々木競技場で開催され、20代の女性を中心に約1万8、０００人が詰めかけた。国内23ブランドが若い女性に支持されるさまざまなトレンドを盛り込んだ服を出品、雑誌などでの関連企画も含め、総額1億円近い売り上げを見込む、と報じている。「会場はモデルが歩くランウェーの周辺も立ち入り自由。ショーの合間に人気歌手のライブを挟むなど、クラブ風の演出」だが、最大の目玉は女性誌などで活躍するモデルたちで、約60名が出演した、という。

２００９年3月8日には、同月7日に第8回ＴＧＣが代々木競技場第一体育館で開催されたことを伝えている。第8回のテーマは「スパークリングガールズ」で、人も時代も元気だった80年代の輝きをイメージした、という。「百貨店や高級ブランドが苦戦を続ける中、入場料3、

000～10、000円ながら約2万人が詰めかけ、この春夏の最新ファッションに身を包んだモデルたちに声援を送った」と報じている。

2009年9月17日には、代々木競技場第一体育館で開催された第9回TGCを紹介しつつ、TGCの来歴に触れている。2005年に「日本のリアルクローズを世界へ」をテーマにして同コレクションが開始され、109系からセレクト系まで幅広いが、80年代やロックの要素を取り入れ、色柄はアニマル柄、アイテムはライダーズジャケットやニーハイブーツが目立つ、という。また、5、000円から7、500円の前売りチケットは完売で、第9回は23、000人が来場した。リアルクローズとは実際に着られる服の意味で、ファッション業界では下に見られがちであったが、ユニクロがTGCと協働してワンピースを開発・出品し[3]、業界全体が無視できないほどの規模と盛り上がりを見せた。TGCはファッションではなくビジネスだが、「きれいでかわいくなりたい女の子がこれほどいて、彼女たちにとってリアリティがあるTGCが支持されているのは事実。その発信力はすごい」という著名デザイナーの声も伝えている。

2010年4月2日には「再び一歩、ヨウジヤマモト　東京でショー」と題した記事が掲載された。ブランド「ヨウジヤマモト」は2009年10月に経営破綻して以来、国内で初のショーを代々木競技場第二体育館で開催した。山本は1980年代から発表の場をパリに移し、欧米で高い評価を受けてきたが、記事の中で、「今回の裏テーマは日本。技能や感性、美学が日本の最後の財産だ。

メードインジャパンを支える世界一級の技術と魂を守っていきたい」という山本のコメントを紹介している。

２０１０年6月10日の夕刊には、５月下旬に代々木競技場で開催されたファッションイベント「ガールズアワード２０１０」の水着について詳報している。「今年の水着は洋服の流行を反映し、小花柄やフリル、ニット素材が増えている。街着風の重ね着セットはさらに多様化し、人気を集めているのは、ビキニ上下にサロペットやAラインワンピースがついた3点セット。日焼けを防げて体形も隠せる上、何通りにも着まわせる「おトク感」が受けているらしい」という。

２０１２年3月15日の夕刊には「女子のお祭り、花盛り　東京ガールズコレクションなどイベント続く」と題して、第14回ＴＧＣや東京ランウェイなど、代々木競技場を舞台に開催される若い女性に訴求力のあるイベントについて紹介している（図1‐12）。東京ランウェイが２００２年に始まりＴＧＣの先駆けとなった神戸コレクション（神コレ）の東京公演に位置付けられ、ターゲットがＴＧＣより少し上の20代半ばが設定されているという。

１９８０年代には川久保玲による「カラスファッション」を一目見ようと数千人の関係者が代々木競技場の特設テントに集ったが、２０１０年代には数万人の若い女性がクローズファッションを見にまとった雑誌モデルを見ようと第一体育館を埋め尽くした。また、ヨウジヤマモトが２００９年に経営破綻し、第二体育館から再起の一歩を踏み出そうとしたことも諸行無常を思わ

図1-12　第一体育館内で行われたガールズアワード 2015のフィナーレ（2015.4.29）

ずにはいられない出来事であった。一連の動きは高級ブランドの凋落に対する庶民に寄り添う普段着の隆盛、あるいは世界的デザイナーによる大文字ファッションに対するマスとビジネス重視の小文字ファッションという対比を用いることも可能であろう。一方で代々木競技場をファッションショーの容器として捉えると、前者のイベント動員数が2、000だったのに対し、後者のそれは20、000であり、桁が異なっている。同様に、グローバル展開する高級ブランドが軒を連ねる表参道と、ガールズファッションの震源地である原宿のいずれからも程近い代々木競技場で対比的なファッションショーが開かれてきたのも興味深い現象である（図1-13）。

図1-13　コロナ禍のため無観客開催となった東京ガールズコレクション（2020.2.29）

1-3　国家の催事と五輪のレガシー

代々木競技場は建設当時「国立屋内総合競技場」と呼ばれ、竣工後も国立の名にふさわしく、国家の催事がいくつも行われてきた。本節では特に代々木競技場を舞台に行われた外交イベントと国内政治イベント、五輪壮行会について触れた後、２０１６五輪招致、２０２０五輪招致時に代々木競技場に充てられたキーワード（レガシー、ヘリテージ）について新聞紙面を駆使して整理してみたい。

（1）外交イベントと国内政治イベント

先にスポーツイベントの項目で日中交歓卓球について触れたが、今一度振り返れば、１９７１年4月27日には「〃この友情を永久に〝日中交歓卓球おわる」という記事を掲載している。この大会は名古屋市で第31回世界卓球選手権が開催された後、全国各地を移動しながら日中交歓卓球大会が開催され、大トリの会場として第二体育館が選ばれている。趙正洪中国卓球代表団長が閉幕にあたって「ピンポンの球は軽くても、われわれの友情は重くなるばかりだ」とコメントし、日中友好に大きな礎石を残すことに成功した。名古屋での世界卓球選手権は米中関係の雪解けを象徴するピンポン外交の舞台として広く知られ、ニクソン米大統領が翌1972年2月に訪中し、1979年の米中国交正常化につながったとされる。それと時を同じくして田中角栄総理が訪中し日中の国交が正常化したが1972年9月のことであり、第二体育館で行われた日中交歓卓球は東アジアの歴史的変革の一端に位置付けられよう。

なお、1971年4月27日には「卓球大会妨害の愛国党員ら逮捕」という題の記事も掲載された。右翼団体の大日本愛国党の宣伝カーが代々木体育館近くに押しかけ、大会に反対する内容のビラ数千枚をまき、爆竹を鳴らし、手製の国旗を焼こうとしたため、関係者4名が逮捕された、と報じている。

1991年4月19日の「動静18日」欄には海部俊樹首相の動静が紹介され、「海部首相【午前】8時15分、公邸に中山外相、外務省の栗山次官、小和田外務審議官、兵藤欧亜、柳井条約両局長、枝村駐ソ大使ら。39分、迎賓館。53分、ゴルバチョフ・ソ連大統領夫妻と記念植樹。10時3分、中山外相、小和田外務審議官ら。27分、第4回日ソ首脳会談。【午後】0時47分、中山外相らと昼食。1時50分、中山外相。3時3分、第5回日ソ首脳会談。5時44分、国立代々木第二体育館。6時5分、「ワールド・チルドレン・フェスティバル」。6時54分、公邸。7時36分、ホテルニューオータニ。政党、経済界、社会団体代表の共催による大統領歓迎レセプション。8時2分、迎賓館。4分、中山外相。20分、小和田外務審議官ら加わる。9時48分、第6回日ソ首脳会談。11時46分、日ソ共同声明など署名式」と記されている。1991年4月18日は、ゴルバチョフ・ソ連大統領が来日し、海部首相と日ソ共同声明を出した記念すべき日であった。非常にタイトなスケジュールを縫って両首脳が訪れたのが代々木競技場第二体育館で行われた「ワールド・チルドレン・フェスティバル」であった。4月19日には「スマイル戻る　ゴルバチョフ大統領・海部首相らが子供らと交歓」と題された記事が掲載され、ソ連、米国など20数カ国の子供達が集い、歌や踊りを披露したのち、ゴルバチョフ大統領は各国代表の子供達と討議に臨んだという。カナダの少年から「子供は好きですか」と尋ねられ、ゴルバチョフ大統領は「海部さんとの大事な話し合いを続けていますが、みなさんと会うことはもっと大事と思って、ここに来ました」と答えている。それから4カ月後の1991年8月18日、KGB議長らはクーデターを起こし、クリミア半島の別荘滞在中のゴルバチョフ大統領夫妻を軟禁した。これを契機にソ連共産党とソ連邦は崩壊した。

なお、2020年4月1日には「日本側の難色を押し切りなぜ被爆地へ　ゴルバチョフの決意」

と題した記事が掲載されている。ここには、ゴルバチョフ大統領が1991年の来日時に長崎の平和記念公園の祈念像前で献花し、大統領退任後の1992年4月、丹下健三が設計した広島平和記念公園を訪れたことに触れている。ゴルバチョフは広島平和記念資料館の芳名録に「歳月を経ても広島の悲劇は和らいでいない。これを繰り返してはいけない。原子爆撃の犠牲者が永遠に追慕されんことを」と記した、という。

1995年5月2日には、村山富市首相が終戦記念日の全国戦没者追悼式とは別に、同年8月15日に代々木競技場にて政府主催で戦後50年を記念する集会を企画している、と報じた。記事では、首相が「日本の過去の侵略行為、植民地支配への反省に立ち、アジア諸国との相互信頼、相互理解を深めるべく努力してきた。歴史への正しい認識に立ち、それにふさわしい集会にしたい」とのコメントを紹介している。

1995年5月29日には「「反省」か「平和の誓い」かメッセージ定まらず　戦後50年政府行事」と題する記事が掲載された。それによると、同行事は代々木競技場第二体育館にて開催予定で、9、900万円の予算が計上されたものの、目的や性格が定まらず、自民党外交調査会の出席議員から批判が噴出している状況を伝えている。当時、国会では戦後50年の国会決議をめぐって調整が難航し、歴史観や戦争認識が明確に異なる者同士の連立与党（自社さ連立政権）の脆さが露呈していた。記事では、ドイツが同年5月8日に開催した欧州戦線集結記念日にベルリンで式典を開催し、ゴア米副大統領、チェルノムイルジン・ロシア首相、ミッテラン仏大統領が臨席の下、ヘルツォーク独大統領が「ドイツが始めた最悪の戦争が終わったあと、西側戦勝国が救いの手をさしのべ、ドイツが民主主義と人権を尊重する国になったことに感謝する」と演説したことに触れている。

１９９５年6月3日には、同月2日に開催された自民党外交調査会の出席議員らが「平和への国際貢献を謳う場として、終戦記念日の開催にこだわるべきではない」「追悼会の二次会のようで、戦没者に対して失礼だ」などの批判や注文が相次ぎ、村山首相が批判される事態を紹介している。

１９９５年10月9日には「戦後50年事業に明暗　記念の集い12月開催、歴史センターは暗礁に」と題された記事が掲載された。同年5月から代々木競技場で開催を検討してきた「戦後50年を記念する集い（仮称）」が12月中旬に開催される運びとなり、近現代史での日本とアジア諸国との関係を検証する目的の「アジア歴史資料センター」の設立目処が立たない状況が報告された。12月に仕切り直しとなった「集い」は「自民党に配慮するため未来志向を打ち出し、「アジアの平和・友好・連帯」を掲げ、在京のアジア各国大使を招くほかアジア諸国の青少年同士の交流や音楽演奏などを検討している」と報じられた。その後１９９５年12月18日、「戦後50年を記念する集い」は国立劇場にて開催され、村山首相が挨拶を行った。

２００５年1月26日には「「日韓友好２００５」華やかに開幕　国交正常化40周年」と題され

た記事が掲載され、同月25日に代々木競技場にて「日韓友好2005」開幕式が行われたことが報じられた。記事では、朝鮮王朝の王族衣装を披露するファッションショーに始まり鄭東采・韓国文化観光相が「よりレベルの高い韓日関係の出発点としたい」と開幕宣言した。続く祝賀公演では、韓国の伝統音楽奏者やオペラ歌手、人気K－POPグループの演奏が行われた、と紹介された。

(2) 五輪選手団結団式、壮行演技会場となる代々木競技場

代々木競技場では水泳、体操、レスリング、フィギュアスケートなど多くの競技で全日本を冠する大会が開かれ、五輪日本代表選考を兼ねる試合が数多く行われてきた（図1－14)。一方で、代々木競技場は五輪出場が決まった選手や役員らによる結団式の会場としても使われてきたことで、竣工以来、五輪と縁の深い施設となっている。

1988年9月13日には「健闘と友好を誓う　ソウル五輪選手結団式」と題した記事が掲載され、同月12日、代々木競技場第二体育館にて皇太子ご夫妻をお迎えし、ソウル五輪選手結団式が行われた、と報じられた。記事によれば、皇太子殿下が選手・役員367人を前に「オリンピックの意義を深く念頭におき、鍛えた力を十分に発揮してください」とお言葉を述べられ、斉藤仁主将が「名誉ある日本代表に選ばれたことを誇りに、日ごろ鍛えた力を発揮し、世界の若人との

図1-14　内村航平選手が8連覇した体操·全日本選手権（2015.4.26）

友好を深めてきます」と決意表明をした。

2002年1月16日には「ソルトレークシティ冬季五輪フィギュア代表、28日に壮行演技」と題した記事が掲載された。そこには、代々木競技場を会場として、「五輪直前に観衆の前で演技する機会を作りたいという強化担当からの要望」で企画され、特別ゲストに1992年アルベールビル五輪女子シングル銀メダリストの伊藤みどりも参加予定、と記されている。

2012年7月22日には「力の限り、決意新た　日本選手結団式・壮行会　ロンドン五輪開幕まであと5日」と題した記事が掲載された。記事によれば、同月21日、代々木競技場で開催された結団式には選手、役員計259名が出席し、皇太子殿下が「みなさんの活躍する姿は多くの国民に希望を与え、とりわけ東日本大震災からの復興に取り組む人々に勇気づけるものと思います」と激励し、上村春樹団長は「金メダル数世界5位を目標に掲げ、２０２０年の五輪招致につなげたい」と意欲を示した、と報じている。また、結団式ののちに開催された壮行会は一般公開され、1万人の入場者があったという。

２０１６年7月4日には「Ｏｈ！リオ：結団式、メダルへの決意新た」と題した記事が掲載された。記事によれば、同月3日に代々木体育館でリオデジャネイロ五輪の日本選手団結団式と壮行会が行われ、選手・役員３００名が参加した。結団式には皇太子ご夫妻も出席された。日本代表選手団の高田裕司総監督は目標メダル数について「金14個、総数で30以上」と述べている。

(3) ２０１６年夏季五輪招致運動のキーワード：成熟度、遺産、環境

２０１６年夏季五輪の東京招致に向けて、２００５年10月1日には「「成熟度」都は力説２０１６年五輪、招致レース火ぶた」と題した記事が掲載された。記事によれば、「石原慎太郎知事は9月末の都議会定例会で、「東京という成熟した都市の姿を世界に示す絶好の機会。ぜひぜひ、実現したい」と力説した。（中略）石原知事が「成熟期に入った都市」と強調する通り、競技施設は一応そろっている。64年五輪のメーン会場だった国立競技場をはじめ、日本武道館、国立代々木競技場、東京ドームである」と伝えている。

２００６年６月26日、東京都は誘致を目指す２０１６年夏季五輪の競技会場予定地を発表した。翌６月27日には「29会場、半径10キロ圏36箇所の予定地発表　都の五輪招致」と題された記事が掲載され、代々木競技場をハンドボールとバスケットボールの会場とする案が示された。

２００９年４月10日には「東京五輪の青写真４：競技施設　前回の遺産、更新綱引き」と題し、東京にあって、ライバルのシカゴ、リオデジャネイロ、マドリードにないものは、過去に五輪を開いた「レガシー（遺産）」である、と報じている。記事には16年夏季五輪の東京の計画は会場の約７割が既存で、64年大会の「遺産」を有効活用することが強調され、「ハンドボール会場となる国立代々木競技場は64年大会直前に完成し、水泳、バスケットボールで使用した。丹下健三氏が設計したつり屋根の独創的なデザインは世界的に有名で、国際オリンピック委員会のサマランチ名誉会長は「東京五輪にスペイン選手団長で来日した時、造形美に目を奪われた」と振り返る。しかし半世紀近くたてば化粧直しが必要。老朽化しつつある代々木競技場の改修費は16億円を見積もっている」と記している。

２００９年９月30日には16年夏季五輪開催地が決まる10月２日の国際オリンピック委員会（ＩＯＣ）総会を前に、東京の招致委員会は29日、コペンハーゲン市内のホテルで会見を開き、東京開催の意義を説明する様子が詳述されている。招致委は海外メディアに向けて「WHY TOKYO?」（なぜ東京か？）と問い、「遺産」と「環境」をキーワードに挙げた。国立代々木競技場を設計した丹下健三氏の子息にあたる建築家・丹下憲孝が登壇し、「父は競技者の最高のパフォーマンスを引き出すという考え方で設計した。その建物は今も東京のスポーツの中心として使われている」と訴え、前回五輪の施設や精神を生かすことを強調した。環境については、開催計画にかかわった竹村真一・京都造形芸術大教授が「今後の環境五輪のモデルケースになるような、緑あふれる大会を開催できる」と語った。しかし、IOC総会にて2016年大会の開催地がリオデジャネイロに決定、東京は関係者の努力虚しくマドリードに次いで3位に沈んだ。

2010年2月11日にはジャック・ロゲIOC会長が五輪招致に失敗した件でコメントを寄せ、「五輪は東京にインフラ設備などで近代化をもたらし、日本武道館、代々木競技場などのスポーツ施設は建設からほぼ半世紀を経過した今でも、使われ続けている。五輪招致に失敗しても、「遺産」は残る。16年五輪招致をめざした東京は「百年レガシー」構想を掲げ、既存のスポーツ施設の改善や、包括的な環境目標、持続可能な目標の設定など、首都に新たな活力を吹き込むことをめざした。最終的に敗れはしたものの、努力を重ねて作り上げた計画は無駄にならない」と総括している。

(4) 2020年五輪招致運動のキーワード：復興、レガシー、ヘリテージ

2011年7月16日、石原都知事は日本体育協会とJOCの創立100周年記念式典において2020年五輪開催都市に立候補することを表明した。この式典にはジャック・ロゲIOC

会長も参加した。同日付の紙面には、「招致のテーマとして「東日本大震災からの復興五輪」を掲げ、国内外の支持拡大をめざす考えだ。しかし、震災からまだ日が浅いことや、招致活動に多額の費用がかかることから、まず国内で理解がどれだけ得られるかが課題となる」と報じている。

その後、東京都は積極的な誘致活動を行い、2013年3月8日には、IOC評価委員会メンバーによる東京五輪施設の現地調査の様子を報じた。記事によれば、「招致委が今回力を入れていた、選手村から8キロ圏内に競技場が集中する「大会のコンパクトさをアピールする」という目標も「うまくいった」(招致委幹部)」とまとめている。一方で、東京五輪招致反対運動についても触れ、市民団体「反五輪の会」のメンバーらが代々木競技場でIOC評価委を乗せたバスに向かって「五輪はいらない」と訴えた、と報じた。

2013年9月7日（日本時間8日未明）、ブエノスアイレスで開かれたIOC総会にて東京が開催地に選出された。同月10日には「7年後、東京の星に　競技人生の集大成／必ず「金」を五輪開催決定、喜びの声」を掲載している。この中で代々木競技場は東京体育館、新国立競技場と並んで「ヘリテージゾーン」の主要施設に位置付けられ、新設・仮設会場の多い湾岸地区「東京ベイゾーン」と対比的に扱われている。

東京五輪招致決定後も、新聞紙面上では五輪開催の意義、レガシーの意味、ヘリテージの意味が幾度となく議論の対象となった。例えば2015年9月13日社説では「東京五輪　今こそ意義を考えよう」と題して、「組織委が中心となって、今からでも「なぜ五輪なのか」をわかりやすく示さなければならない。それなしに、この先も広く国民の理解は得られまい。「復興五輪」ならば、震災被災地と大会をつなぐ工夫が必要だろう。「成熟都市の五輪」をうたうのであれば、無駄を省きつつ、質的、精神的な豊かさを追求する新しい五輪の姿を描くという指針がありえる」と主張している。

２０１６年11月26日には「耕論：いま五輪レガシーとは」と題して３人の論客が自説を展開している。その中で、スポーツライターの小川勝は１９６４年の東京五輪の「ハード面のレガシー」として代々木競技場、東京体育館、日本武道館を挙げ、「ソフト面のレガシー」として、ピクトグラム（図記号）を取り上げる。ハード・ソフトのレガシーを定義した上で、小川は２０２０年の五輪のレガシーにハードは不要で「社会の仕組みを変える取り組み」が重要と断じている。

同様に２０１９年11月10日には「フォーラム：五輪の「レガシー」って？」という記事が掲載され、スポーツマネジメントが専門の原田宗彦がコメントを寄せている。原田によれば、「レガシー」は「有形／無形」「計画的／偶発的」「ポジティブ／ネガティブ」の３つの軸に整理できるが、「有形、計画的、ポジティブ」の三拍子が揃った競技場のような「モノ」を「レガシー」とみなされがちであった。また、「遺産」が「使い残したもの」のようなニュアンスを含むため、「遺産」から「継承」へのシフトが重要視されている、と指摘する。具体的には、競技場などの「モノ」を、局地的に恩恵をもたらす「遺産」ではなく、有形の「モノ」がなくなってからも次の時代や次の世代にまでつながる文化をつむぐ「継承」にシフトさせるために、IOCは継承のニュアンスを含む「ヘリテージ」という言葉を新たに使い始めた、と分析している。

1-4　小結

本章では、1964年以来、2019年に至るまでの朝日新聞紙面の中から代々木競技場に関連する記事約6,800件を検索・抽出し、腑分けを行った。その結果、新聞メディアの中で代々木競技場が①スポーツの殿堂、②エンタメの檜舞台、③国家の催事と五輪のレガシー、という3つのカテゴリーに整理できることが分かった。これを受け、本章では①スポーツの殿堂を時代順に整理し、残りふたつをキーワード別に整理した。その際、代々木競技場で開催されたイベントへの参加費を可能な限り新聞紙面から拾い上げることで、以下4点が明らかになった。

第1に、代々木競技場は竣工以来スポーツの殿堂として全日本を冠する試合や市民開放事業を積極的に行ってきたが、1980年代以降はさまざまなプロスポーツイベント、エンタメイベントが同時に開催され、華やかな情報発信拠点の機能を併せ持つようになった。一方で、第一体育館におけるスケート・プールの一般開放が終了し、収益性の高いイベントを誘致しやすい環境整備が行われた。

第2に、入場料について、新聞紙面で確認できた範囲ではあるが代々木競技場における国内外のアーティストのコンサートは1万円を超えることはなかった。一方で、アメリカのプロバスケットに代表されるプロスポーツ、海外のオペラ引っ越し公演、シルク・ドゥ・ソレイユに代表される海外サーカスの場合には入場料が1万円を超えるイベントが頻発し、国立のスポーツ施設で商業主義的なイベントを行う矛盾が露見することとなった。

第3に、1980年代に代々木競技場敷地内の特設テントで行われたファッションショー（東京コレクション）はパリやニューヨークを強く意識し、世界のモードを目指す先鋭的なものであったが、2000年代の代々木競技場におけるファッションショー（東京ガールズコレクション）は日本のリアルクローズを目指す大衆的なものであった。特にユニクロが後者に協賛しているのが印象的で、識者の指摘通り、ファッションというよりもビジネスと呼ぶにふさわしい。一方で、若い女性たちが代々木競技場第一体育館を埋め尽くし、ほどほどに廉価な洋服が飛ぶように売れる仕掛けが随所に仕込まれている点で、時流に即した文化戦略の息吹を感じさせる。

第4に、代々木競技場では日中ピンポン外交、日ソ首脳を交えた子供イベント、村山富市首相による戦後50年を総括するイベント企画（実施されず）、日韓国交正常化40年イベントなど、戦後日本の国家のあり方が問われるイベントが次々に企画・実施されたが、いずれのイベントも不幸な過去を乗り越えて相互理解と平和を志向する外交イベントであった。かつて代々木は陸軍練兵場として機能し、戦後しばらくＧＨＱに接収されたが、五輪開催以後に上述の平和外交イベントが立て続けに開催されたことは非常に興味深い。また、２０１６五輪東京誘致活動以降、レガシーと代々木競技場が紐付けされてメディア上で語られる機会が増え、２０２０東京五輪招致活動ではヘリテージゾーンの中心施設に位置付けられた点も見逃せない。

1　「春の高校バレーを振り返って」『月刊国立競技場』2010.07

2　「コーヒーブレイク：巨大な工作物が視界から消える」『月刊国立競技場』2002.06, p.11

3　「現代の肖像：東京ガールズコレクション実行委員会チーフプロデューサー永谷亜矢子」『ＡＥＲＡ』2008.12.15

第２章　丹下健三による建築作品の5つの特徴

前章では国立代々木競技場がどのように使われてきたかを詳述したが、本章では設計者である建築家・丹下健三にフォーカスを当ててみたい。丹下健三は建築家として長いキャリアを持ち、2005年に亡くなるまで数多くの建築・都市デザインに携わった。丹下のキャリアを前期と後期に分節すると、前期は戦前から1973年まで、後期は1973年から晩年までとなるだろう。1973年は丹下が東大で教鞭を取った最終年に該当し、またオイルショックが日本を襲った年でもあった。丹下は前半のキャリアにおいて自らの研究室を拠点に設計を進めた。また丹下は1973年を境に海外での活動を本格化し、輝かしいキャリアを完成させていった。というのも、オイルショックは石油消費国にとって死活問題であったが、産油国にとってはオイルヘブンであり、丹下は発展途上の産油国で多くの巨大プロジェクトを次々と受注し、日本の都市デザインを輸出産業になるまで育て上げたのである。

本章では、丹下のキャリアのうち前期に注目し、戦前から1973年までの建築作品・都市デザインに共通する特質を5つ挙げて、その概略について紹介する。

2-1　近代と伝統：丹下が目指した建築の解体

(1) ル・コルビュジエとミケランジェロ：卒業設計

図2-1　丹下健三卒業設計「芸術の館」パース

丹下健三は1913年に大阪で生まれ、1935年に東京大学建築学科に進学した。1920年代後半、日本にヨーロッパの近代建築運動が紹介され、建築学生らは白い箱の近代建築に魅了されていた。そうした中、丹下はル・コルビュジエが設計したソヴィエト・パレスに興味を抱き、コルビュジエこそが天才である、と高く評価していた。丹下は学生時代に常日頃コルビュジエの作品集を小脇に抱え、その造形的特徴の分析に余念がなかった。その結果、「芸術の館」と名付けた卒業設計で、丹下はル・コルビュジエによるスイス学生会館やセントロ・ソユースなどのデザインエッセンスを巧みに組み合わせた公共建築を提案している（図2-1）。

また、丹下が東大建築学科を卒業した

1938年、東京逓信病院(設計者:山田守)が竣工し、多くの若手建築家や学生らはそのスタイリッシュな外観に魅了されていた。しかし丹下はこの建築に対して「衛生陶器のようで清潔だが感動を呼ぶものではない」という趣旨の発言し、周囲の学生たちを驚かせたという。

ル・コルビュジエの建築と東京逓信病院を分かつものは何だったのか。当時、旧来の装飾をすべて取り払い、合理性や機能性を追求した近代建築が賞賛され、真っ白い箱に必要な穴を開けたものが若い建築家の耳目を集めていた。こうした白い箱の多くは丹下の精神を揺さぶることはなかったが、ル・コルビュジエの建築だけは人の心を動かす何かが含まれており、丹下は人の心を動かす側面を忘れて建築は成立しえない、と断じている。

丹下は同様の構図を20世紀の日本から遠く離れた16世紀のイタリアにも見出し、装飾過多なゴシック建築に比してルネサンス期の建築が幾何学を多用した点を近代建築の来歴と重ね合わせている。そして丹下はルネサンス期の建築の中でもミケランジェロの建築だけは荘厳であり、別格であると激賞している。通俗的な建築への理解や流行を拒否し、本来的な建築のあり方をル・コルビュジエとミケランジェロの作品に求めた、ともいえよう。青年・丹下の建築観は戦後にも継承され、丹下が1951年に初の海外出張でローマを訪れた際、ミケランジェロのカンピトリオ広場などを見学して大いに感動し、絵葉書にもその感動を記している(図2-2、2-3)。丹下は、多くの近代建築が人体寸法に即した人間の尺度でデザインされていることと、ミケランジェロの作品や古

図2-2　丹下がローマから日本へ送ったカンピトリオ広場絵葉書

図2-3　Palazzo Farnese（設計：ミケランジェロ　撮影：丹下健三）

図 2-4　群衆が埋め尽くす広島平和記念公園と群衆と対峙する陳列館（撮影：丹下健三）

代ローマの建築が神々の尺度で建てられていることを対比した。そして、自らの広島計画では古代ローマの神々の尺度を社会的人間の尺度（高速度交通と群衆に呼応した近代的尺度）に読み替え、人間の尺度と社会的人間の尺度を対位させ、重層させることで新しい都市空間の創出を目指したのである[1]（図2-4）。

丹下はローマ訪問後、ロンドン近郊で開催された第8回CIAMに参加し、ル・コルビュジエと対面を果たした。その後、フランスに足を伸ばし、ル・コルビュジエが手がけたユニテ・ダビタシオンの工事現場を訪れている。丹下は建築系雑誌を通じてヨーロッパの近代建築は工業化が実現し、日本よりも遥かに先行している様子を見学できると期待していた。しかし、実際の現場を訪れると未だ手作業の段階にとどまり、ル・コルビュジエが無理にプレキャストコンクリートを用いている点に幻滅した。つまり、建築系雑誌に謳われた近代建築家たちの数々の文言は扇情的で、意識過剰な理想論にとどまっていたのである。丹下は現場見学の感想として、戦後の近代建築運動のバトンがヨーロッパからアメリカに渡されている一方、ル・コルビュジエのユニテは性急な機械化の導入と粗放な手工業の葛藤の中から人間的な建築に到達しており、改めてル・コルビュジエは天才である、と評価した。[2]

(2) タウトとグロピウス：写真集『KATSURA』

一方、1930－1950年代にかけて、幾人かの西欧出身の近代建築家が日本を訪れ、日本の古典的な建築を賞賛していた。例えば、ドイツの建築家ブルーノ・タウトは桂離宮を高く評価し、装飾的な日光東照宮を批判している。同様にタウトは伊勢神宮を東洋のパルテノンと称し、日本の建築家たちを喜ばせた。さらに1954年、ハーバード大学で建築を教えていたワルター・グロピウスが日本を訪れ、日本の伝統家屋に近代建築の指標がすべて備わっている、と評価した。例えば、日本家屋には開放性が備わっており、近代建築のコンティニュイティ（連続性）と相通ずる。畳・襖・障子にあらわれる規格の手法は工業製品に不可欠なモデュラー・コーディネーションと相通ずる。畳・襖による可動間仕切りは近代建築が追い求める空間のフレキシビリティと共通する。

図2-5　倉敷を訪れるグロピウス（撮影者不明）

日本の伝統建築はクラフトマンシップによって支えられているが、近代建築を作る際も手仕事と機械化のバランスが重要となる。禅の精神と近代建築のストイックさが類似しており、龍安寺の石庭に宿る東洋の精神性は近代建築の理念に近しい、といった具合である（図2-5）。

グロピウスの帰国後、グロピウス来日記念本を日本で出版することとなったが、丹下はそこにエッセイを寄せ、グロピウスの明晰な日本建築評価に同意しつつも激しく反発していた。丹下にとって実物の桂離宮は装飾ばかりが目についてまったく感動しないが、家に帰って桂離宮を思い起こすと美しい比例関係が自らの心の内側で成長し始め、創作意欲が刺激される、と記した[3]（図2-6）。その後、

図2-6　桂離宮で撮影する丹下（撮影者不明）

丹下は写真家・石元泰博と出会い、石元が斬新な構図で桂離宮を捉えていることに衝撃を受けている。石元はシカゴで建築写真を学び、1950年代に桂離宮を撮影したが、その際に巧みなトリミングを駆使して、桂離宮に潜む水平垂直の幾何学を引き出すことに成功していた。丹下はまだ駆け出しだった石元が写真家として十分な実力をもっていると高く評価し、1960年には石元撮影の写真集『KATSURA』(Yale University press)の出版をプロデュースした。この本は丹下とグロピウスの共著で、ハーバード・バイヤーがブックデザインを担当したが、丹下はその冒頭、桂を雅な世界の結晶とみなす解釈と一線を画し、自ら「桂を破壊的に眺めている」[4]と宣言している（図2-7）。

図 2-7　むくり屋根をトリミングした桂離宮の外観（撮影：丹下健三）

こうしてみると、丹下は世評の高かった東京逓信病院を批判しながら建築の本質をル・コルビュジエとミケランジェロに求め、一方で石元のアングルを借りながらタウトやグロピウスの桂離宮の評価（外国目線・上から目線）を否定的に捉えていた。1950年代の丹下は古今東西の建築に対する通俗的な解釈を拒否し、近代と伝統の枠を乗り越え、自らの建築観を解体しながら再構築していったのである。

（3）弥生的なもの：RC造の広島本館と木造の丹下自邸

丹下の近代と伝統に対する姿勢はコンクリートと木材の扱いにも強く反映している。ここでは、木造の丹下自邸と鉄筋コンクリート造（RC造）の広島平和記念公園本館を取

図2-8　成城の自邸外観（撮影：丹下健三）

り上げ、材料の側面から丹下の近代と伝統に対する姿勢を考察してみたい。

前者はピロティ形式の木造2階建て住宅で、丹下が1952年に東京郊外の成城に自ら設計した。この住宅は成城の約300坪の敷地に計画され、塀を設けず、築山によって周囲と分節した。設計当初、丹下は研究室のスタッフに1階平屋の住宅を検討させていたが、途中段からピロティ形式が採用され、主たる部屋がすべて2階に配された（図2-8）。

丹下はこの住宅を設計する際の手がかりとして、イレギュラーな畳サイズを使用した。一般に日本の木造住宅が三尺・六尺のモデュールに従って設計されることが多いが、丹下はあえて四尺・八尺のモデュールを用いて平面計画を練り上げた。その理由として、家庭内で椅子座と床座が混在し、従来の三尺・六尺では生活が窮屈になると見越していたためであった。しかし、丹下は畳のもつ手触りの良さや快適さを重視して、主な居室を畳敷きとし、竣工後は座布団と低い椅子を組み合わせた生活を送った。この結果、低い椅子座を用いる主人の視線は一般の椅子座に比してやや低い高さに設定され、そこから眺めて大きめな畳と調和するよう、障子の割付、家具の高さが調整された。

また部屋内の寸法が四尺・八尺となったことで、住宅の立面を構成する柱などの割付も三尺・六尺の場合に比して横長となり、在来の和風住宅に比して繊細で伸びやかな印象を与えている。さらに、柱そのものが細く、主な居室の欄間部分を壁で閉じず天井面を住宅全体で連続させていることも水平方向に伸びゆく印象を強化することにつながった。

一方の広島平和記念公園の本館は、ピロティ形式を採用したラーメン構造の2階RC造建築であった。特に、耐震壁が躯体内部に配され、外周部はRC造の柱梁をむき出しにするようデザインが施されている。ところで、戦前・戦後に日本で実現した近代建築の多くは、柱と梁がむき出しになるのを避け、外壁を平滑に処理し、タイルなどで覆うことが多かった。というのも、日本は地震国のためにヨーロッパに比して柱と梁が太くなり、外観上醜悪なプロポーションになることが多かったためだ。先に挙げた東京逓信病院では、地面から立ち上がった平滑な壁にポツ窓が開くデザインが展開されている。これに比して丹下はあえてピロティを採用し、柱梁を強調しながら、

図 2-9　広島平和記念公園本館　正面（撮影：丹下健三）

図 2-10　広島平和記念公園本館（撮影：丹下健三）

可能な限り美しい比例関係で外観を統合しようと心がけた。本館の外装で得られた柱梁のプロポーションは丹下自邸における柱梁のプロポーションと極めて近しい。自邸においては伝統的な材料・構法を用い、洗練された近代的なプロポーションを実現し、本館においては近代的な材料・構法を用い、木割り的な美しいプロポーションを実現した、と評価できる。ここに近代と伝統を乗り越える建築的言語の創出のヒントが隠されているといえよう（図2-9、2-10）。

広島本館を設計する際、丹下が用いたのがモデュロールであった。これはフィボナチ数列に準じてモデュールと黄金比を足し合わせた寸法体系で、ル・コルビュジエが提案したことで知られる。丹下はル・コルビュジエに倣い、自らの設計にふさわしい寸法体系を模索していた。広島平和記念公園以後も丹下は自らのモデュロールを更新し続け、研究室スタッフの共通言語とすることを求めた。なお、ル・コルビュジエのモデュロールが身体寸法と建築の調和を目指していたのに対して、丹下のモデュロールは建築を含む都市全体に拡張することを目的に据えていた。

（4）縄文的なもの：旧草月会館と家具

1958年に竣工した草月会館は、華道家・勅使河原蒼風の教場として作られ、丹下が設計を担当した。この施設を拠点として発足した「草月アートセンター」は、1960年代以降のジャズ、現代音楽、実験映像などさまざまなジャンルのアーティストが出会う場として重要な役割を果たした。

草月会館は丹下自邸や広島本館と対極的な重々しい外観を有している。自邸や広島本館が桂離宮のような洗練された弥生的美意識に貫かれているのに対して、草月会館は土俗的で力強い縄文的美意識を追求している、とも評価できる。ここで思い出されるのが広島平和記念公園陳列館で、丹下は陳列館を設計する際、伊勢神宮を思い描きながら「廃墟のなかから立ち上がってくる力強いものをコンクリートを頼りにして創ってみたかった」[5]と回想している。つまり、広島では陳列館と本館がそれぞれ伊勢神宮と桂離宮の美意識に根ざして対位的な造形が展開されていた。そののちに設計された草月会館は陳列館の美意識の延長線上に位置付けられ、縄文的な美意識を深掘りした痕跡が見て取れる。

設計当初、丹下は鉄骨鉄筋コンクリート造柱と鉄骨梁による大スパンを検討していたが、敷地が三田から青山に変更したことを契機に、オーディトリウムを地下に埋め、教場や事務スペースを2、3階に担ぎ上げる計画に切り替えた。その際に構造家・坪井善勝の協力を得て、短か手方向の4.8mスパンを9.45mに拡張し、楕円断面のRC柱とプレストレスト（P.S.）梁の採用を試みた。その後、RC造柱断面を矩形に整理し、P.S.梁の実現に向けて検討を重ねたが、建設許可が下りずRC造に切り替えた。その際、挟み梁とEVを同時に導入し、2階床と屋上階床の挟み梁の突端を壁面から突き出すことで、丹下自邸や旧東京都庁舎とは異なる、重厚な立面を実現した（図2-11）。

図 2-11　草月会館（釉薬が施された大型ブロックによる外装）

当時の丹下研究室の設計スタイルは内外装を一致させようとする姿勢で一貫していた。というのも、デパートや郵便局に代表される多くのＲＣ造建築は外装にタイルを貼り、内装に構造とは無関係な装飾（ハリボテ）を施すのが一般的であった。しかし、丹下研究室ではそうした内外の不一致は蛇蝎のごとく忌避され、草月会館でもそのポリシーが貫徹された。実際に草月会館では外装に釉薬が施された大型のブロックが積まれ、内外装が一致していた。しかし、当時の丹下研究室の設計水準、ゼネコンの施工水準ではブロック積みに起因する漏水を防げず、台風の日には室内側に水しぶきが飛ぶほど漏水した（図２－12）。

一方で、草月会館には丹下自らデザインした椅子「だっこちゃん」が数多く採用された。

図2-12　草月会館和室（外装タイルと内装タイルの一致）

この椅子の製作は天童木工が担当したが、当時、天童木工は曲げ合板を用いた柳宗理のバタフライスーツを製作する家具メーカーとして知られていた。丹下は、柳と同じく曲げ合板をフルに用いて三次元的な椅子をデザインしたが、柳のバタフライスーツが無駄を削ぎ落としたシンプルなデザインなのに対し、丹下の「だっこちゃん」は重厚で、土偶を彷彿させるデザインとなっている。草月会館の躯体の意匠と同様に、「だっこちゃん」は当時最先端の技術を駆使して古代的なプロポーションを取り出そうとする試みであったと評価できよう（図2-13）。

丹下は学生時代より堀口捨己に代表される茶の世界に傾倒する建築家の姿勢に批判的で、侘び寂びに耽溺する衒学（げんがく）主義そのものと考え

図 2-13　草月会館に据えられた「だっこちゃん」

ていた。それに対して、丹下は草月会館の躯体と家具のデザインにおいて古代と現代を大胆に接合せんと試み、1950年代の建築における近代と伝統を考える上で重要な論点を提供したのである。

2-2　戦争と平和：慰霊の広場建設

(1)　大東亜共栄圏神域計画と近代の超克

やや話が前後するが、丹下は1938年に大学卒業後、ル・コルビュジエの弟子にあたる前川國男の設計事務所に勤務したのち、東大大学院に戻った。戦時中は本郷キャンパスで都市と建築の研究の傍らで、日本建築学会主催の「大東亜建設記念造営計画」コンペ（1942年）に応募して、一等を獲得して

図2-14　丹下健三「大東亜共栄圏建設記念造営計画」パース

いる（図2－14）。このコンペは敷地選択が自由で、大東亜建設にふさわしい建築アイデアの提案が求められた。ちなみに、二等に入選した田中誠（前川國男事務所）は上海を敷地とした都市計画を提案し、三等の中善寺登喜次は丹下と同様に富士山麓の大東亜聖地を計画した。

丹下は応募案を説明にするにあたって自らの建築史観を披露し、古代エジプトに端を発する西欧の建築は上昇するかたち、人を威圧する塊量を絶えず課題とし、記念性・象徴性を追求してきた、と断言する。戦時中の丹下の目には、古代のピラミッド、中世のカテドラル、近代における超高層のいずれもが西欧の支配意志の現れとして映っていたのである。これに対して、丹下が理想とする日本の建築とは、大地を一筋の聖なる縄で囲むことで、自然そのものが神聖なるかたちと受け取る行為であった。これは地鎮祭を行う際に建設敷地に仮設的につくられる神籬（4本柱を建て縄で囲われた聖なる区切り・広がり）を想起すればわかりやすいかもしれない。丹下の発想は、建築の始源を遡り、建築が作為となる以前、自然と建築が親和的であった時代を夢想する浪漫主義の一種に分類できよう。これに基づくと戦地で亡くなった人びとを祀る施設に塔を用いてデザインすることは西欧建築への追従・模倣を意味し、日本の伝統を汚す行為となった。また、戦前の芸術論に引き付ければ、作為としての漢字が日本に導入される以前に穢れなき大和が存在し、天と地が天橋立でつながっていたと夢想する日本浪漫派の発想を具体的な空間に翻訳した、といえよう。

このコンペが開催された頃、全国各地で忠霊塔が建設され、丹下の大学の先輩にあたる堀口捨己や吉田鉄郎、ル・コルビュジエの弟子に当たる坂倉準三など近代建築を標榜していた建築家たちはこぞって忠霊塔のデザインを提案していた。それに対して丹下のコンペ案は、日本において最も崇高なる自然である富士の裾野を敷地に選び、戦争に駆り出され亡くなった学生たち（戦没学徒）を祀る施設を塔ではなく聖域によって提案するものであった。丹下はまず東京の皇居から富士山へと伸びる長い軸線（高速道路）を建設し、ついで富士山の麓でその軸線を挟むようにふたつの巨大な台形広場を配置している。ふたつの台形をダイナミックにぶつけて広場を構成する手法はル・コルビュジエのソヴィエト・パレスの手法に共通し、広島平和記念公園でも用いられた。台形広場に据えられた高さ60mのＲＣ造の本殿には伊勢神宮を模した切妻屋根が架けられ、丹下は日本的な屋根建築と西欧的な広場の統合を目論んでいる。

この案を都市計画的に読み解けば、古代中国の四神相応の発想にも近しく、敷地の東西に聖なる場所（神）を設定し、両者を道でつなぎつつ、その中心に神と人間をつなぐ場所（天壇）を据える所作ともいえる。また、建築論的に読み解けば、神の家である伊勢神宮は極小サイズであっても極大サイズであっても聖性を保持している点でヒューマン・スケールとは無縁の超越的存在であり、戦時下の日本建築のアイコンとして機能した、と考えられる。極論すれば、丹下は富士の裾野を舞台として古今東西の都市建築の知識を総動員し、戦没者を慰霊する聖なる広場を構想した、といえよう。

その後、1944年に行われた在バンコク日本文化会館コンペでは、丹下は大東亜建設記念造営計画と同じく伊勢神宮を模した大屋根建築を複数棟用意し、荘厳に配置することで一等を獲得している。

(2) 広島平和記念公園と原爆慰霊碑

戦後、丹下は東大建築学科の助教授となったが、1949年に開催された広島平和記念公園コンペで一等を獲得した。このコンペ案作成にあたって丹下を支えたのが浅田孝と大谷幸夫であった。大谷は「見渡す限りの焼け野原の中に、亡くなった方の死骸が累々とあり、大地を覆っている」敷地を前にして、ここに提案する施設を「原爆で亡くなった方の墓標[6]」として理解するようになった。一方の丹下はこの広場を「平和を創り出すための工場」という比喩を用いて、次のように意味付けしている。

「平和は訪れて来るものではなく、闘いとらなければならないものである。平和は自然からも神からも与えられるものではなく、人々が実践的に創り出してゆくものである。この広島の平和を記念するための施設も与えられた平和を観念的に記念するものではなく、平和を創り出すといふ建設的な意味をもつものでなければならない。わたくし達はこれについて、先づはじめに、いま、建設しようとする施設は、平和を創り出すための工場でありたいと考へた。その「実践的な機能」をもった工場が、原爆の地と結びつくことによって、平和を記念する「精神的な象徴」の意味を帯びてくることは、極く自然のことであらう。[7]」

丹下は川を挟んで敷地（中之島公園）の北側に位置する原爆ドームから南に軸線をひき、敷地中央に5万人の市民が集う緑の広場（慰霊祭会場）を配し、敷地南側に公会堂（西）・陳列館（中央）・本館（東）を一直線に並べる案を提出している（図2-15、2-16）。また、広場中央でふた

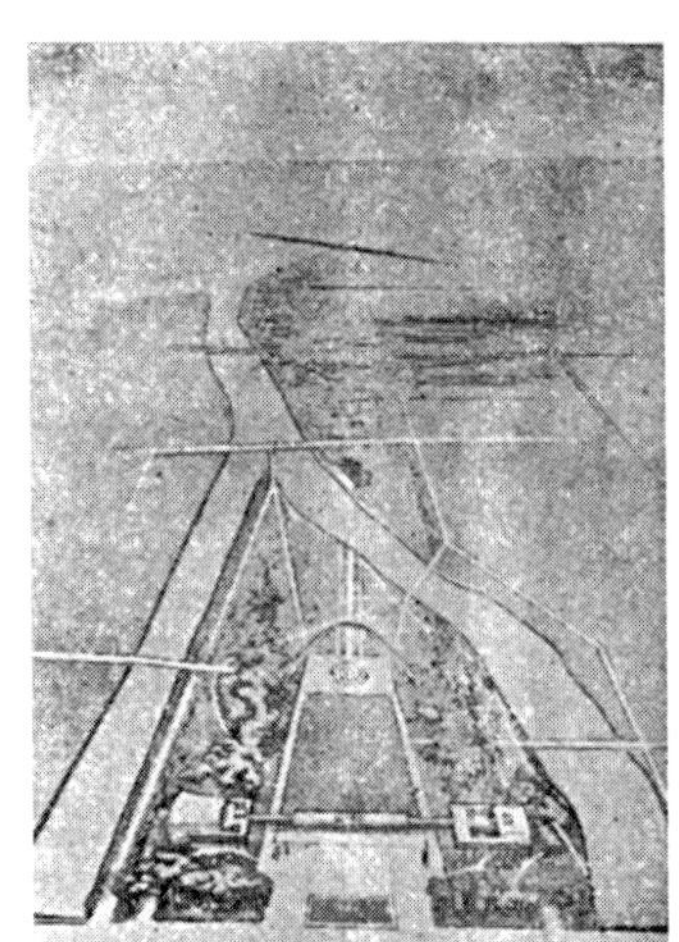
図2-16　広島市平和記念公園コンペ　パース

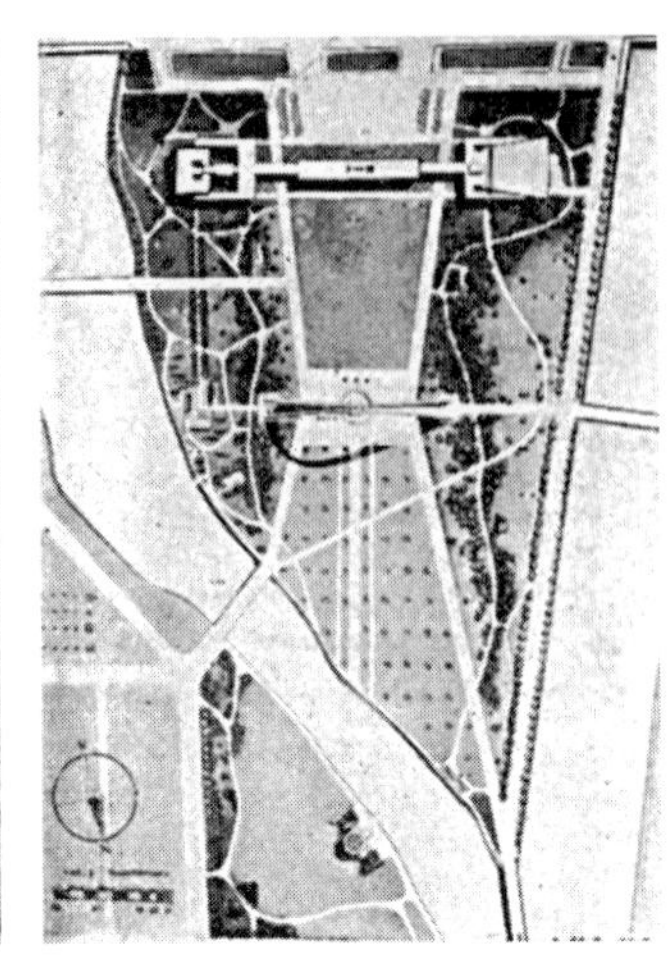
図2-15　広島市平和記念公園コンペ　配置図

つの台形をぶつけ、その上に巨大なアーチを架ける構想であった。コンペ当時、新聞紙面には原爆ドーム解体論も掲載されたが、丹下は原爆の残虐さ・非人間性を永久に忘れないためにドームを残すべき、と考えていた。また、ピロティで支えられた陳列館越しに原爆ドームを臨むと、平和への気持ちを新たにするために集った人びと（此岸・この世）が川の向こうの原爆ドーム（彼岸・あの世）と対峙するよう配置計画を練ったのである（図2-17、2-18）。

コンペを勝ち取ってしばらくして、丹下は建設省から敷地の両側を流れる川に架かる橋の欄干のデザインを依頼された。この時、丹下は出会ったばかり彫刻家イサム・ノグチにそのデザインを依頼することを思いつく。幼

図 2-17　墓の中に立つ建築中の陳列館（撮影：丹下健三）

図 2-18　ピロティ越しに見る原爆ドーム（撮影：丹下健三）

図2-19　工事途中の欄干「行く」（デザイン：イサムノグチ、撮影：丹下健三）

少期に渡米し、新進気鋭のアーティストとして日本を訪れたイサムは、丹下と出会った際に戦没者を慰霊する彫刻をつくりたいと語っていた。丹下からの依頼を受けたイサムは、東西ふたつの欄干にそれぞれ「創る」と「行く」というタイトルをつけデザインを完成させている。前者は昇る太陽を、後者はあの世に向かう舟を想起させる彫刻となっている（図2－19）。

また、丹下はコンペ案の中で広場中央に巨大アーチを架けたが、実施設計にあたってはこのアーチを小さい鞍型ハニワのような原爆慰霊碑（約11万の原爆死没者名簿を納めた奉安箱を安置するための彫刻）に切り替えようと検討としていた。一方、丹下は1951年11月、イサムとともに浜井信三・広島市長と面会して、原爆慰霊碑が既成の宗教宗派や国境を越えた普遍性をもつことを説明した。そして、この慰霊碑のデザインをイサムに依頼したいと打診し、市長からも同意を得ることに成功する。イサムはすべての人が帰ってゆく地下の洞穴と来世の子孫たちが発生する子宮というふたつのイメージを重ね合わせ、太い円形断面のアーチ状模型を丹下研究室内で完成させた。[8] イサムは黒御影石で実現することを想定していたが、この検討模型を見た丹下は古代のおおらかさを感じ取り、大谷は「原爆で亡くなられた方の剥き出しの内臓のように見えた[9]」と回顧している。

しかし、このコンペの審査員長であり、丹下の師であった岸田日出刀は加害者であるアメリカの国籍をもつイサムに慰霊碑をつくらせることに強く反対した。丹下は苦渋の決断を迫られ、自ら慰霊碑をデザインすることとした。丹下はこの慰霊碑について以下のように振り返っている。

「(原爆慰霊碑は) ここに眠る原爆犠牲者の霊を、雨霜から守り、安らかに眠られんことを希う氣もちである。今はもう、わたくしの手からも離れて、ここに立っている。すでに數百萬の人びとが、この前で、泣き、怒り、訴え、祈った。[10]」(括弧内筆者)

こうして、1955年8月6日の平和記念式典直前に竣工し、式典当日、浜井信三広島市長が感動的な平和宣言を読み上げ、丹下もこの式典に参加した。[11]

図2-20　若人の広場　内観

（3）戦没学徒若人の広場

第二次世界大戦中に戦没した学徒は、大学生に兵役が課され戦場に赴いた者と、軍需工場で労働に従事した者とに大別される。1967年に竣工した戦没学徒若人の広場は両者を合わせて追悼する全国唯一の施設に位置付けられ、動員学徒援護会が主体となり、厚生省、兵庫県の協力のもと、淡路島の南端、鳴門海峡に面した大見山山頂に建設された。

丹下は動員学徒援護会からの依頼でこの広場の設計に取り組み、高さが低く抑えられた展示資料館と、25mの高さを有する記念塔を対峙させる構成を採用した。展示資料館内部は軽快なボールト天井の下に展示室、集会室、食堂などが配され（図2-20）、屋上は広場として整備され塔へのアプローチを兼ねている。

図2-21　若人の広場 外観　遠景

図2-22　若人の広場 外観　近景

塔はＨＰシェルで構成されたＲＣ造で、下部には「若者よ　天と地をつなぐ灯たれ」と記されている（図２‐21、２‐22）。ここには戦争の悲惨さを後世に伝え、恒久平和を願う思いが込められている。

　丹下の元でこの設計に携わったスタッフらの証言によれば、丹下が設計を受けるか否かに逡巡し、竣工式が自衛隊による観閲式が同時に開催されることを知って、丹下は竣工式への参加をキャンセルしている。さらに、この施設が建築系の雑誌で紹介することを拒み、１９７８年に出版された作品集の中でのみ紹介されている。

　当時の丹下の複雑な心境を推し量るべく、大東亜共栄圏神域計画と戦没学徒若人の広場をいくつかの点で比較してみたい。両者とも戦没学徒への慰霊をテーマとし、前者は富士山の裾野に、後者は見晴らしの良い淡路島の山頂を敷地としている。前者は富士山と皇居というふたつの象徴を意識しながら広大な広場を計画したが、後者は展示資料館そのものが山頂の一部となり、塔へのアプローチは非常に細く、ごく限られた人びとが象徴的な造形と向き合うようデザインされている。また説明文を比較すると、前者では出征する学生たちに向けて頻繁に歌われた「海行かば」の一節を引用し、国土に帰一することを怖れない学生らの崇高さを讃えていた。それに比して後者では「学徒動員令によって全国の工場に出動した学生は約３１０万人、空襲や災害によってこのうち約8万人が死傷した。大半が当時の中学生、高校生で、18歳から20歳までの青少年であった[12]」ことにのみ触れ、出征した学生らに対する言及はない。

以上のことを鑑みると、丹下は戦後に入ってもなお戦没学徒に思いを馳せ広場の設計を引き受けたものの、平和国家として歩みだした戦後日本において政治家らと観閲式に列席することの危険性を十分に察知していた、と考えられる。また、終戦直後、多くの日本の建築家が左傾化する中で、丹下自身もマルクスに対する理解を深めたが、決して政治運動には加担しなかった。この結果、１９５０年代に多くの建築家が渡米を禁じられたのに対して、丹下は渡米を許可され、世界的な建築家のネットワークに参加する足がかりを得たのである。批評家・浜口隆一はこうした丹下のバランス感覚を、まるで雪庇の上を歩いているようだ、と評している。

2-3　戦後民主主義と庁舎建築

（1）旧東京都庁舎

１９４５年、日本の都市の多くは米軍の空襲により焼け野原となり、東京も例外ではなかった。丹下は戦後民主主義にふさわしい庁舎建築のデザインに取り組み、１９５７年、有楽町（現在の東京フォーラム）に旧東京都庁舎（以下、旧都庁舎）を完成させている。

旧都庁舎を設計した際、丹下が特に留意したのは都心部の人口過密であり、太陽光による受熱量の低減・自動車や電車が生みだす騒音の低減であった。前者の人口過密を解決すべく、丹下が選択したのがコア・システムとピロティであった。コア・システムとは一般的なオフィスビルでもしばしば採用される方式で、建物平面の中心部に共用部（ＥＶ・階段・水廻り・設備配管）を集中させ、これを耐震壁で囲み、その周囲に専用部（ユニバーサルスペース）を配置する方式であった。丹下の設計意図は、多くの労働者が東京の中心である有楽町をめがけて毎朝移動し、さらに中心施設である旧都庁舎で最大過密となるが、訪れる者をピロティで構成された公開空地で受け止め、ＥＶと階段によって素早く各階に振り分けることで、ピロティは常に過密と無縁となり、市民が憩い、語り合うための公共スペースとなることを期待した（図2-23）。

また後者の受熱量・騒音の提言を実現すべく、丹下は庇・ルーバー・フィンの採用を提案している。

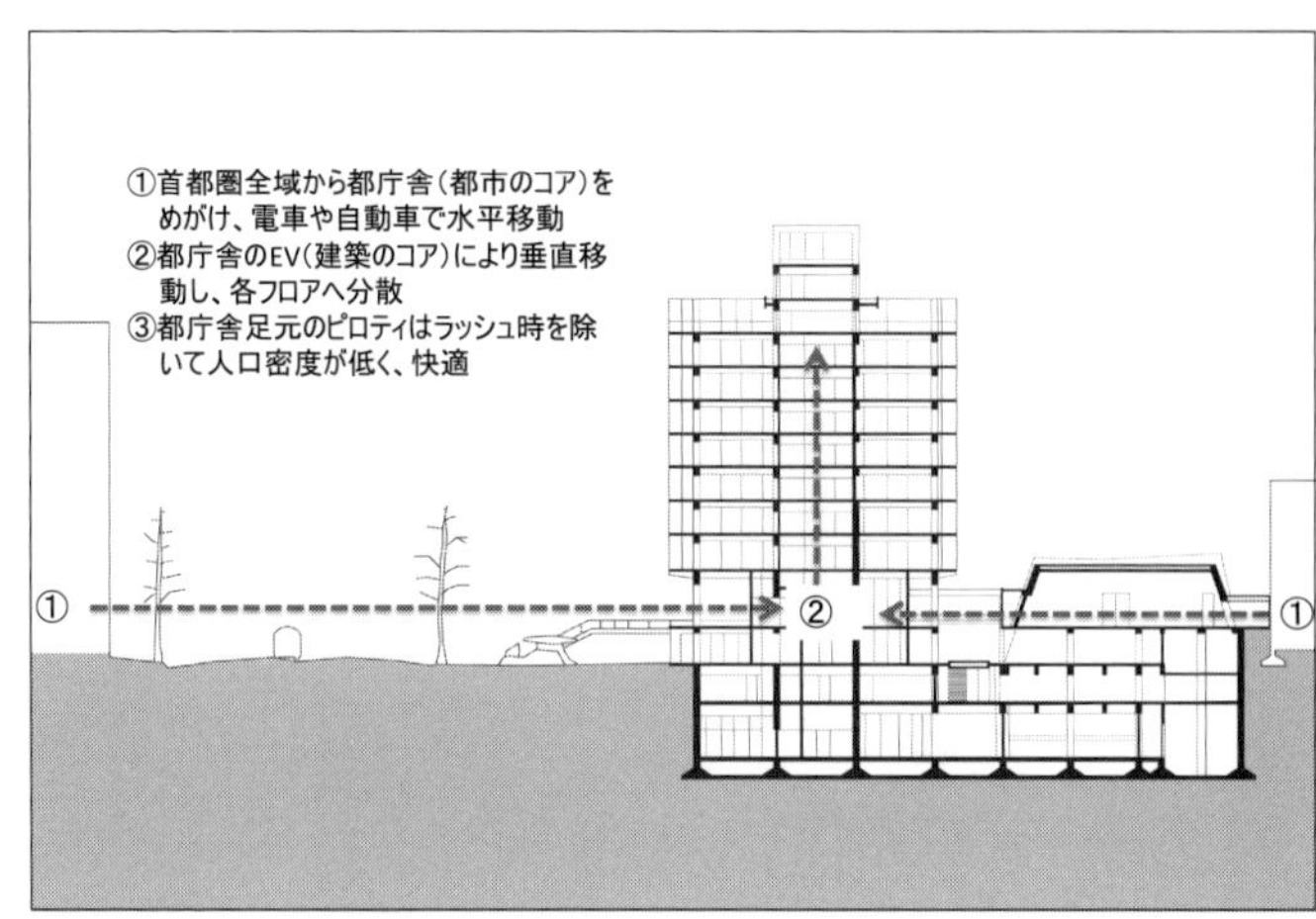

図 2-23　都庁ダイアグラム

コンペ時の計算によれば、こうした装置を駆使することで冬の受熱は開口率50％程度の建物と同様となり、夏は受熱を90％以上打ち消せるため5年程度で消却し得る、と算盤を弾いている。また、均等な照度分布を考えた上でも庇・ルーバー・フィンが適しており、快適なる気候においては窓を開くことができる点で庇は機能的である、と強調する（図2-24）。なお、音については、80dBの騒音を許容限度40dB以下に下げる必要が有るが、実証的なデータが乏しいため、庇・ルーバー・フィンの素材選択によって遮音効果を期待したい、とした。

しかし、旧都庁舎が竣工するや、設計時の予定収容人数よりも倍近い都職員が勤務することになり、利用勝手が急激に低下した。また、当時の日本の技術力ではルーバーやサッシを

図 2-24　旧都庁　外観（撮影：丹下健三）

ステンレスでつくれず、薄い鉄板の折り曲げで代用した結果、至る所で錆が発生してしまった。この点について、丹下は「建築というものは、完成した途端に設計者の手から放れるわけで、いわば娘を嫁に出すようなもの。旧都庁舎も長い間、不便をかけながらも使っていただいているが、あれやこれや不憫な娘という思いである」[13]と吐露している。

（2）旧東京都庁舎における岡本太郎との協働

丹下は都市のコアに人びとが集い、コミュニケーションを図ることが民主主義の根本と捉えていた。例えば古代ギリシアにおける都市のコアはアゴラと呼ばれ、民主制の原型が生まれたことで知られる。丹下はかつてアゴラで諸芸術の統合がなされたが、その後、絵画は額縁に収まり、彫刻は台座に据えられるにつれ、各々の芸術は離散していった、という芸術史観に立っていた。このため、丹下は戦後民主主義を象徴する庁舎建築のピロティにおいて諸芸術の統合を試みている。具体的には、丹下は旧都庁舎ピロティに据える陶板壁画を芸術家・岡本太郎に依頼した。岡本は戦前にフランスで画家としてのキャリアを積む最中、パリ大学でマルセル・モースに師事し民族学を学んだことで知られる。戦後に入って、岡本はアヴァンギャルドを自任し、アカデミーや権威と対抗して、自ら芸術家として新しい創造の先頭に立ち、同時に啓蒙主義を破棄する立場を選んだ。[14]例えば、岡本はピカソやマティスの引き写しを拒否して《赤い兎》（1949）や《森の掟》（1950）に代表されるアレゴリカルな絵画を発表し、自らの表現手法の獲得に励んだ。また、政治のアヴァンギャルドと芸術のアヴァンギャルドの関係をいかに組み立てるかに腐心し、社会主義リアリズムを標榜した芸術家らと芸術論を戦わせていた。

1954年、岡本は現代芸術研究所を設立し、その際のリーフレットには協力スタッフとして丹下の名前が刻まれている。丹下と岡本の出会いは定かではないが、1954年以後に両者の交流が本格化していたことは確認できる。このリーフレットの中で岡本は、現代の芸術家がアトリエに閉じこもり展覧会の作品制作に専念する時代は終わり、「どしどしと社会のなかに出ていって、民衆とともに仕事をし、公共のために奉仕しなければならない時代」となった、と宣言している。さらに「何よりも現代芸術家に必要なのは、チーム・ワークの精神であり、また、その実践[15]」であるとし、芸術のジャンルを超えた協働の重要性に触れている。この言葉を実行に移すべく、岡本は絵画、写真、建築、批評などで活躍する講師にレクチャーを依頼し、その書き起こし内容を『現代芸術入門』として出版したが、丹下もそこに名を連ねた。

1957年、旧都庁舎が竣工し、丹下は建築家・村野藤吾と座談会に臨んでいる。その席で、司会を務めた大手組織設計事務所の幹部は「丹下健三たるものが何故岡本太郎なんてくだらないものに結びついたか。どういう過程で岡本太郎になったのかという問題ですよ[16]」と、挑発的な質問を丹下に投げかけている。これに対して、丹下は「岡本太郎がカンバスの上に描いたよりは今度の方がいい」と評価し、コンクリートとガラスと鉄でできたエントランスホールの限界を相当カバーしてくれた、と擁護している。また、多くの画家が建築と結びつこうとするものの、大半の画家からは人間的なスケールが感じられないが、岡本太郎は見識をもった画家であり、建築を理解している点で別格であるとして、以下のように説明している。

「丹下：建築というものは、いろいろなものが矛盾した要素で構成されている。要するに一足す一は二でなく、一足す一が五ということを期待できるような矛盾の止揚ということがある。ただ素朴な、機械的なハーモニーという点から考えれば、おそらくいろいろな意見があると思いますが、しかしハーモニーでない協力の姿があってもいいということを普段から考えているのです。です

図2-25　旧都庁モザイク壁画（撮影者不明）

から一方が凸だと他方は凹だとか、そういうふうに対立的な要素が一つに統一されたとき、全体としての緊張感が出てくるのです。[17]」

形と色彩を消去し、切り取り、整理して象徴を目指す建築家・丹下は、抽象を唱えながら奔放な形と色を生み出す画家・岡本との創作の違いを十分認識していた。そして単純な調和や互いの馴れ合いを拒み、対立を含んだ統一と緊張感を目指し、旧都庁舎ピロティを完成させたのであって、司会者の指摘は当たらない、と却下している。ここで指摘される対立を含んだ統一とは、岡本が常日頃強調した対極主義[18]の言い換えとも解釈できる。一方で、丹下にとって岡本の創作手法は「無からの創造[19]」を旨とする一極主義であり、絶えず密室化し、私小説化する危険性を感じ取っていたのである（図2-25）。

（3）香川県庁舎

丹下は旧都庁舎、倉吉市庁舎、今治市庁舎、倉敷市庁舎などを設計する機会に恵まれたが、丹下を香川県庁舎の設計者に推挙してくれたのは猪熊弦一郎であった。猪熊は1936年に新制作派協会を結成した新進気鋭の画家で、戦前の文部省主導の展覧会制度に反発し、「純粋芸術の責任ある行動に於て新芸術の確立を期す[20]」ことを掲げていた。参加メンバーは猪熊の他に、小磯良平、脇田和、内田巌などの青年画家たちで、戦後の日本美術界で大きな足跡を残したことで知られる。1949年1月には新制作派協会に建築部が創設され、前川國男、丹下健三ら7人の建築家が参加することとなった。

1954年頃、猪熊の紹介で丹下は金子正則・香川県知事から香川県庁舎の設計を依頼されたが、金子は丹下に県庁舎設計のための4つの条件を提示した。1つ目に香川の気候風土、その他環境に適応すること、2つ目に県民のための建築であり、民主県政の殿堂であるとの感じが強く出ること、3つ目に従来全体計画なく県独自の設計で数年つづけて建設してきた鉄筋コンクリート3階建の庁舎とできるかぎり融合すること、4つ目に本館の建築が香川に定着するために資材はなるべく多く県内産を活用することを求めた。

これに対して、丹下は金子の期待に応えるべく、コンクリートの美しさを率直に表現することを願い、水平なバルコニー床と小梁が連続する特異な外観を提案した。ここで旧都庁舎と香川県庁舎をバルコニー、外装材、空調の3点から比較してみると、第1のバルコニーについて、両者とも庇と縁側の効果を狙い、受熱量を低減させている。第2の外装材について、旧都庁舎では金属的な外装表現が意図され、薄い鉄板を巻いたルーバーが外周を覆ったが、鉄板の内側に水が周って錆が止まらなかったのに対して、香川県庁舎ではコンクリート表現に徹することで雨風に強い外装が意図された（図2-26、27、28）。第3の空調について、旧都庁舎のピロティとコアの形式は

図 2-26　香川県庁舎　夜景（撮影：丹下健三）

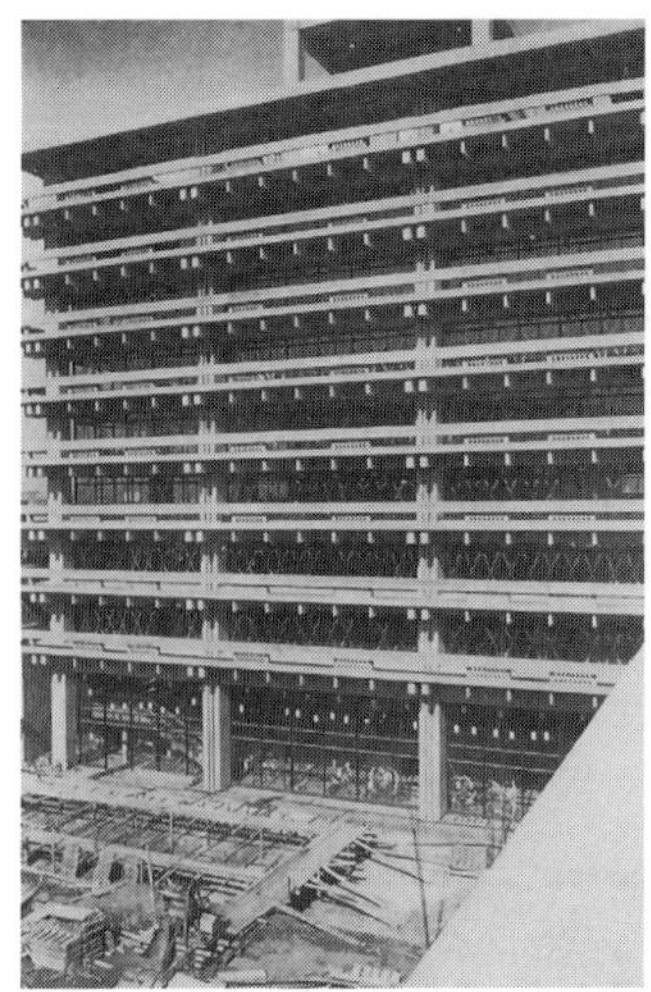

図 2-27　香川県庁舎　外観
1957.11（撮影：丹下健三）

図 2-28 香川県庁舎　外観
1957.11（撮影：丹下健三）

図2-29　香川県庁舎ピロティ陶版壁画（デザイン：猪熊弦一郎）

香川県庁舎ではさらにブラッシュアップされ、空調に関するトラブルも減少していた。

一方で丹下はかねてより市民の集う広場において諸芸術が総合されるべきと考え、旧都庁舎ピロティでは岡本との協働を試みたが、香川県庁舎ピロティでは猪熊の作品を掲げることを提案する。丹下から依頼を受けた猪熊は、ニューヨークのアトリエで陶版壁画の検討を重ねたが、ピロティの建築スケールをつかみ取るのに苦心したという。また、ニューヨークを訪れた金子が書き残した「和」という色紙をヒントに[21]、猪熊は茶の真髄である和・敬・清・寂をテーマに据えることとし、複雑な形状を徐々にシンプルな形状へと還元していった（図2-29）。

猪熊は丹下の作品集『伝統と創造

1946–1958』（1966）に寄稿した回想文の中で、建築に彫刻や絵画が同時に存在することの難しさを吐露している。それぞれの芸術は生きているため、互いの主張が衝突することもあるが、「それは丁度良き友のように、お互いにあけひろげた心をもって発言しているから、そうあるべきで、それでこそその空間は、より新しき精神を、ぶちつけて、たえず新鮮な意味を持つ」[22]と述べている。言い換えれば、自己主張の強い建築・絵画・彫刻がひとつの世界となることは困難でありながら、互いに深いレベルで意思疎通を図ることで、真の「Modernism」を実現し得る、といえよう。

香川県庁舎が竣工したのは丹下がル・コルビュジエのユニテを訪れて7年後のことである。ユニテに比して遥かに高い完成度のコンクリート打ち放し高層建築が香川に実現した。香川のコンクリート型枠もユニテと同じく工業製品ではなく職人の手作業に依存していたが、香川の型枠は宮大工が担当し、当時工賃の安かった女性労働者たちが竹竿を用いてコンクリートを丁寧に突いてジャンカの発生を抑えたため、極めて施工精度の高いコンクリートを打設できた。都市スケールのプロポーションをもつピロティや、穏やかな形の南庭もさることながら、懇切丁寧に打設されたコンクリートの質感が香川県庁舎全体の品格を向上させ、猪熊の陶版壁画の魅力を引き出すのに大いに貢献した、といえよう。

2-4　大空間への挑戦

(1) リブ付きのシェルとリブなしのシェル

広島への原爆投下から3年が過ぎた1948年、丹下は広島平和記念カトリック聖堂コンペにリブ付きシャーレン架構（シェル構造）の聖堂案を提出した。その趣旨書の中で、丹下は以下のように説明している。

「現代の人間の心を動かし、精神のたかまりを感じさせることをわれわれは建築の近代技術のなかに求めたのであった。そうしてシャーレン架構自身のなかに、——その合理的な経済的な筋の組成のなかに心を動かす新しい表現を発見しようとした。[23]」

丹下は近代固有の技術であるシェル構造が合理性と経済性を兼ね備える一方、訪れる者の精神を揺さぶる可能性を強調している。審査の結果、丹下案は二等に選ばれたものの、一等が不在で、審査員の一人であった村野藤吾が設計を担った。

丹下のシェルに対する想いを実現に導いたのは構造家・坪井善勝（東大第二工学部教授、現在の東大生産技術研究所）であった。1950年当時、丹下は広島平和記念公園コンペを勝ち取り、

図2-30　朝顔シェルを採用した広島子供の家　外観（撮影：丹下健三）

広島市から平和記念公園北側の太田川の畔に児童センターを設計してほしいと依頼されていた。当初、月並みな2階建て円形図書館を検討していたが、坪井の助言を得て円形の直径20mの朝顔型シェルを採用した。このシェルには引張応力が一次応力ですでに全域に存在してコンクリートの特性に反していたため、坪井はリング方向の鉄筋に期待し、亀裂の発生を予想しながら構造設計を行った。シェル構造としては素直な曲面ではなかったが、1952年に竣工した際には先端の撓みが5mmほど生じたものの、コンクリートにはほとんど亀裂が発生しなかった[24]（図2-30）。

翌1953年、丹下は坪井とともに愛媛県民館を完成させた。この建物は国体のために建設され、直径50mスパンの裁断球形シェル構造（球の一部を平面で切り取った形）であった。設計当初、丹下は貝殻のような、いびつな形のシェルを何とか実現できないかと格闘していたが、設計期間が短く、ついに球を裁断しただけのシンプルな屋根に落ち着いた。また、丹下は必然性のないカーブは飽きがくるとし、機能に基づいて必然的な足がかりを見つけない限り、カーブを使うべきでない、という結論に至った。

しかし、この屋根の施工に際して、屋根そのものよりも屋根と下部構造の接触部分が難しく、収縮応力などの影響も加わって型枠除去の際に殻の裾が大変形することを考慮する必要があった。坪井は変形自体が柱におよぼす影響を最少にする目的で殻をローラー支持とした。しかし竣工後も完全ローラー支持とした場合、地震時に殻と柱がずれても困るため、ローラー部をモルタルで被覆することにした[25]（図2－31）。

丹下と坪井は愛媛県民館竣工後の対談をする中で、イタリアのネルヴィとアメリカの建築家エーロ・サーリネンを比較対照している。坪井はネルヴィがリブ付きシェルに拘っているのに対して、サーリネンが実現したMITオーディトリアムにリブがないことに言及し、後者が理想であり、ネルヴィのような構造なら丹下と協同せずに坪井研究室だけでデザインできる、と啖呵を切っている。坪井の分析によればネルヴィは組み立てシェルを狙っており、飛行場の格納庫や大工場など広範な分野への応用が期待されていた。一方、丹下と坪井はサーリネンによるシェルと支持部分との取り合いの上手さを讃えている。

図 2-31　球の一部を裁断した愛媛県民館　遠景（撮影：丹下健三）

「丹下：サーリネンでうらやましいと思うのはドームを三角形に切ってしまって、ピンになっているところ、地震がないせいだろうけれども、スレンダーにいっているね。

坪井：サーリネンのうまいなというのは、球の中心にかけて切っている。ああいう切り方は単純で自然のような気がする。あんまり無理したものは、デザインがシェルに負けたということが起りそうな気がするんですね。[26]」

広島平和記念公園のコンペ案で丹下が巨大アーチをかけたのはエーロ・サーリネンによるゲートウェイアーチから影響を受けていると多くの識者が指摘したが、ＭＩＴオーディトリアムのシェルについても丹下はサーリネンのデザイン特性を注意深く分析し、ライバル視していたのである。

なお、丹下やエーロ・サーリネンといった1910年代生まれの建築家たちが挑戦的なシェルに挑んだことに対して、1885年生まれの建築家・都市計画家ルートヴィッヒ・ヒルベルザイマーは批判的に捉えていた。バウハウスで教鞭をとり、水平垂直の近代的な都市像を描き出したヒルベルザイマーにとって、若手建築家たちの提案するシェルは「自己表現を求めた20世紀初期の表現主義の建築と同一のもの」に過ぎず、理性からかけ離れた「感覚的なもの」、「情緒的なはけ口」[27]と強く批判している。

(2) 駿府会館：HPシェル

1957年、駿府会館は国民体育大会のための施設として建設され、丹下と坪井は正方形の平面をもつ鉄筋コンクリート双曲面放物面HPシェル（ハンカチの両端を地面におさえ、残りの両端を釣り上げた形）の体育館を実現した。敷地は静岡駅からほど近い5万坪の緑地で、国体開催後の多目的利用を見据えて計画された。通常、多目的施設は矩形の無柱空間がイメージされ、目的や機能が見失われがちだが、丹下研究室では多目的施設を積極的な無限の可能性をもった空間としてそのバイタリティに期待するために、HPシェルを採用し、コンクリート構造の新しい可能性に挑戦することとした。[28]

また、ＨＰシェルを大屋根に用いる利点として、音響処理が挙げられる。愛媛県民館は計画段階から多目的利用が予定されていたものの、球形ドームのため反響音が大きいことが想定された。このため、施工段階から防音処理が施されたものの、内壁に用いた吸音材が期待通りの性能を発揮せず、竣工後に天井から大小さまざまな吸音装置をぶら下げることとなった。一方のＨＰシェルは2方向に逆曲率をもつため、音をうまく反射させることが期待された（図2－32、2－33）。

この体育館の屋根は1辺54ｍのＲＣ造ＨＰシェルであった。設計当初、丹下は壁なしの2本の脚柱のみで大屋根が張られることを期待した。その際、丹下らが参照したのがアメリカの建築家ヒュー・スタビンスがベルリンで実現した世界文化の家（１９５７年竣工）で、これは2本の柱脚がＨＰシェル大屋根を支えている。

しかし、その場合、屋根は片持梁形式となり、一辺54ｍの規模では変形並びにテンションサイドの応力が極めて大きく、設計不能となった。この結果、屋根の四周に折壁を配置する計画とし（図2－34）、その折壁のたわみが8～10㎝程度予想されたため、リブ付きとした。[29] また、屋根面のたわみは膜応力よりも曲げモーメントによるものが圧倒的に大きいため、坪井は曲面をいくつかの格子に分割し、各格子の交点がその近傍を代表するものとして構造計算を行った。こうして出来上がった体育館について、丹下は長大な折壁とシェルの統一が十分に果たされなかった、と反省的に述懐している。[30]

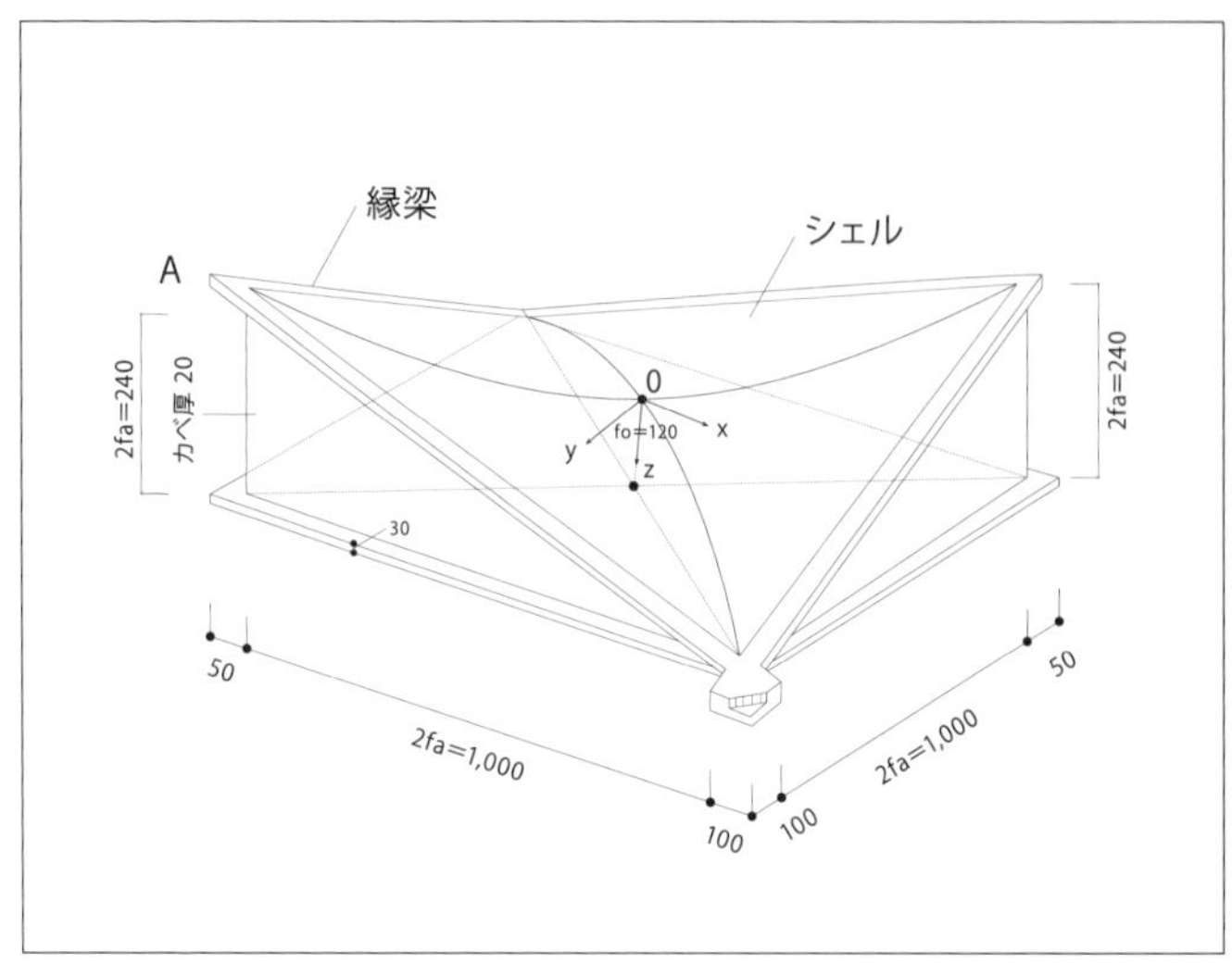

図2-32　駿府会館HPシェル模型作成のためのイラスト

図2-33　駿府会館　模型と丹下健三

図 2-34　駿府会館の折壁

しかし、駿府会館の竣工後、シェルのコンクリート片が数カ所落下する事故が起こった。幸いけが人はなかったが、その原因として、この体育館は施工期間が著しく短く、大勢の職人が一斉に生コンクリートを一輪車で搬入してシェル型枠を支えるパイプサポートが変形したこと、雨天のためにシェルコンクリートの打設が不良であったこと、このほか熱収縮による変形や、ＨＰシェルが圧縮と引張を含むためにそもそも壊れやすいこと、などが挙げられる。[31]

（３）東京カテドラル：複数枚のＨＰシェル

１９６０年代に入ると、丹下と坪井は国立代々木競技場の設計と並行して、東京カテドラル聖マリア大聖堂のコンペに参加し、一等を獲得した。このコンペは前川國男、谷口吉郎、丹下健三の三者による指名コンペであった。

コンペ案の作成当初、丹下研のスタッフらは研究室内のテーブルを片付け、広い場所をつくり、メンバーが各々つくった模型を並べ、丹下を含め、そのまわりにグルッと囲み、可能性のある案をいくつか選出した。その中に丹下研のメンバーである阿久井喜孝が検討を続けていたHPシェルの案も含まれていた。阿久井によれば、検討当初は十字架の平面やトップライトをあまり意識せず、五角形、六角形、七角形、いろんな形を組み合わせていると、丹下は「体育館を設計しているのか」と揶揄されていた、という。当時、阿久井は駿府会館の設計を担当し、HPシェルに強い可能性を感じていたため、ウッツォンによるシドニー・オペラハウスに似た兜状のHP屋根をいくつも重ねる案を検討した。また、コンペで要求された計画条件を平面に落とし込むと、祭壇と信者席の面積が割り出され、星形平面を信者席側に引き延ばす過程で十字架平面と十字架トップライトが考案された。[32] 最終的なコンペ案では、HPシェル8枚が重ね合わさり、互いを支えるように構成されている（図2-35）。

丹下はこの聖堂の設計のポイントとして3点挙げ、第1に中世の寺院がコミュニティの象徴であり、都市のスカイラインの中で垂直性を際立たせた。同様に、HPシェルを垂直に架構したコンペ案の主要部は、カトリックの精神を形において象徴したものであり、またふくらみのある勾配は、日本の都市環境の調和を図ったものである。第2に道路の交通量を考え、直接聖堂に入るのでは

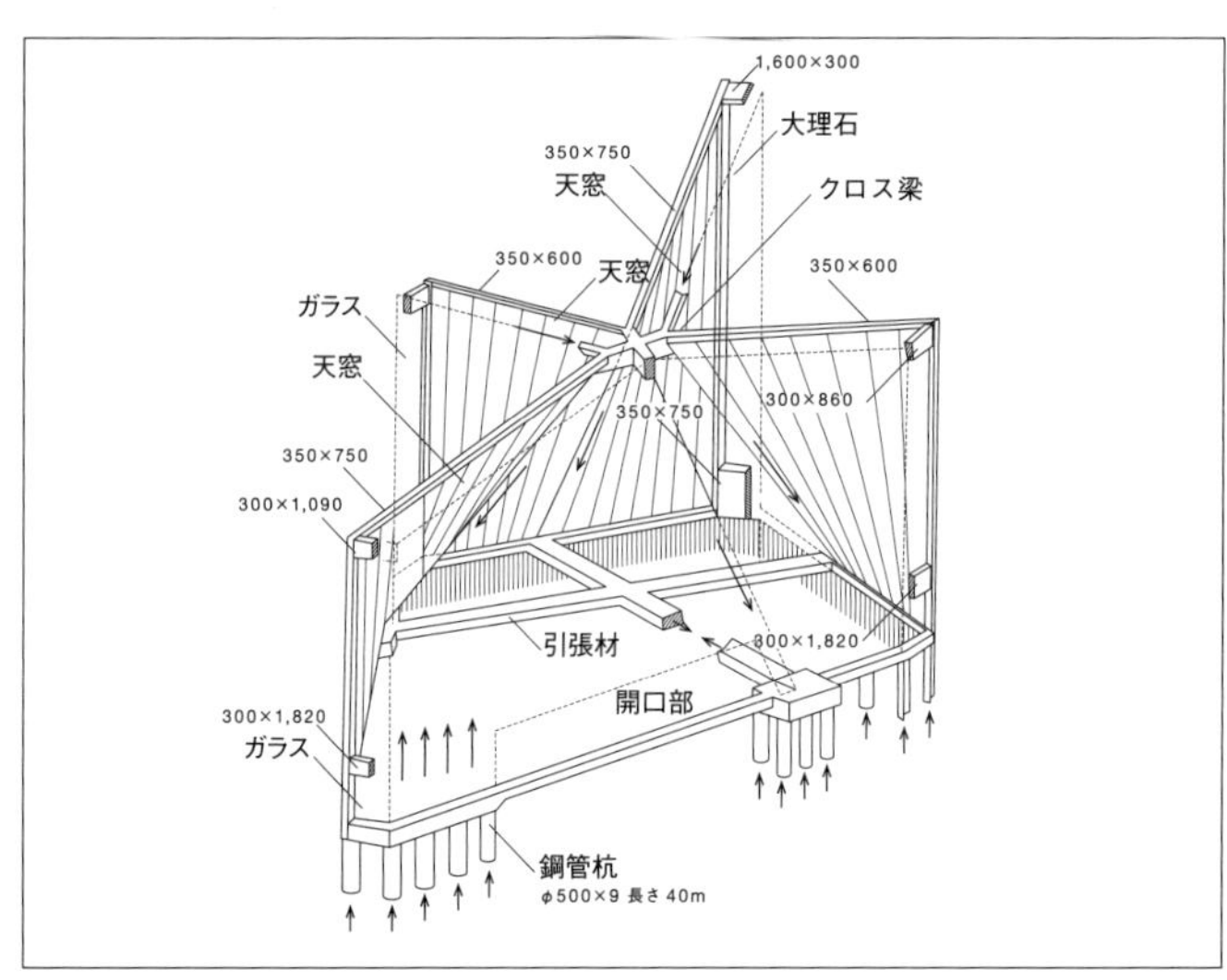

図2-35 東京カテドラル 構造模式図

なく、道路から小広場へ、ついで外界からへだてられた広場、さらに教会へと入るアプローチを考え、教会へ入る人の心理的変化を考慮している。第3にカテドラルの内部は精神の小宇宙を象徴するものであるから、コンクリートの技術の中で超越的な世界をつくり出そうとしている。丹下と坪井はＨＰシェルによる大胆な垂直的架構と古典的な十字型プランを掛け合わせることで、精神的な神秘さを表現したのである[33]（図2-36）。

コンペ終了後、基本設計の初期段階で、丹下はＨＰシェルをプレキャスト・コンクリートでつくる検討も行ったが、現場でリブ付きの鉄筋コンクリートを打設すれば建物全体を軽量化しつつ、耐震性能を確保できることが分かった。また、外壁には長さ40ｍのステン

図2-37 東京カテドラル 外観

図2-36 東京カテドラル 内観

レスの板を用いることでＨＰシェル特有のねじれを美しく強調できた（図２－37）。
一方、聖堂内部の各要素を統合する十字架のトップライトはコンペ案に比してやや細く絞られた。それは十字のトップライトが交差部分に各々のＨＰを結ぶクロス梁が設けられ、その強度を確保するためだった。堂内に差し込む光の量はコンペ案に比してやや減ったが、ＨＰ曲面の重厚な壁面をつたって堂内全体が仄かに照らされることで他国のカテドラルに負けない荘厳さを獲得し、天と地を結ぶ聖なる空間を獲得するに成功した。

2-5 高度経済成長と情報化社会

(1) 日本住宅公団の湾岸開発と東京計画一九六〇

1950年代、東京の人口が年間30万人のペースで増え続け、日本政府は増え続ける勤労者の住宅を大量供給する必要に迫られていた。この難問に対応すべく、1955年、日本住宅公団が創設され、快適であると同時に集団生活が可能な不燃性の住宅団地の造成を推し進めることになった。この日本住宅公団の初代総裁に選ばれたのは加納久郎で、晩年には千葉県知事に就任している。

日本住宅公団では都心までの通勤時間を鑑み、例えば中央線沿線では立川までを通勤圏と設定し、用地買収の計画を練ったが、思うように進まなかった。というのも、通勤圏内に集合住宅を建設できるだけの空地が見当たらず、複数の地権者の合意を取り付けることが極めて困難であった。このため、加納は内陸方向のみならず、東京湾岸に向かって用地を確保する戦略を練り、水面埋立事業を日本住宅公団の業務範囲に組み込もうとした。加納は東京湾の広大な範囲を埋め立てる構想を掲げ、『東京湾二億坪埋立計画』[34](1959)の中にまとめている。

また同時期、前川建築設計事務所の設計、日本住宅公団の企画監理、清水建設の施工による日本住宅公団晴海高層アパートが竣工した。晴海はもともと埋立地で軟弱地盤であったが、このアパートは当時の建築基準法では限界(百尺制限)に近い高さ30.275m、10階建、鉄骨鉄筋コンクリート造の集合住宅で、168戸の住宅から構成されていた。このアパートの特徴は3層6戸を1単位とした大架構を採用した点で、ル・コルビュジエによるユニテ・ダビタシオンを強く意識した高層集合住宅といえよう。前川の下でこのアパートの設計に携わった建築家・大高正人は、加納構想を高く評価し、「こうした根本的な優れた構想だけが、20世紀後半の日本の「飯」を作る方法になるのではなかろうか[35]」と指摘している。

丹下は加納構想や前川らの動向を察知しつつ、1959年秋から半年間、アメリカ・ボストンのMITで客員教授を務めるために渡米した。その間、丹下は研究室内で東京の量に関する以下7点の調査を行うよう指示している。第1に都内建築総量、第2に住宅建設の現況、第3に交通量の実態、第4に土地の用途別構成、第5に業種別所得を含めた人口構成、第6に住宅の有効需要、第7に人口の地域間移動が検討された。

これらのデータは、丹下研究室の各々のメンバーの卒業論文、修士論文として仕上げられたが、今日の眼から見れば、東京のメガデータ分析に該当する。丹下が東京の未来を構想する際、芸術家としての感性のみならず、都市の動きを客観的に把握する論理性を重視した現れといえよう。丹下はMITでの設計課題として、ボストン湾上に高速道路（ハイウェイ）と2万5千人の集合住宅の複合体を学生らに計画させた。この課題設定は千人規模の晴海アパートの25倍に相当し、丹下はアメリカの学生等に新しい時代にふさわしい海上都市の雛形を模索させた、と考えられる。

ＭＩＴから帰国後、丹下は東京の量に関する研究を踏まえながら、ボストン湾上のハイウェイ都市構想をブラッシュアップし、１９６１年元旦、丹下はＮＨＫを通じて東京計画一九六〇を全国に発信した。丹下は脊椎動物の胚から脊椎が発生する過程に触発され、東京から木更津に向けて２本平行の高速道路を設定した。この高速道路はサイクルトランスポーテーション・システムと呼ばれ、これに直行するように東京湾上に枝状の道路が延び、その先に複数の住居棟が配置される算段であった[36]（図２‐38）。

丹下が東京計画一九六〇を構想した背景には、加納構想の乗り越えにとどまらず、丹下自身が自ら構築した都市モデルの変更に迫られていた点が挙げられる。１９５０年代前半、丹下は東京都心への人口集中は経済復興のために必要である、という立場をとった。そして、人口集中が極点に達する都心・有楽町において諸矛盾を止揚する公共建築のプロトタイプを生み出そうと努力し、ピロティを有する旧都庁舎コンペ案を提案した。また、人口動態を数学的に把握すべく同心円の統計モデルを作り、東京都心からの距離で通勤・通学者の動きをマクロに把握しようとした。

しかし、１９５０年代後半に入ると、人口集中が有楽町をピークに峰をつくるのではなく、新宿、池袋、渋谷、品川、上野といった山手線の乗換駅をピークとして台地のように隆起していることが明らかになってきた。これは国鉄（現在のＪＲ）の乗換のみならず、地下鉄やバス、都電が複雑に絡み合い、山手線の拠点駅周辺の人口過密問題が有楽町以外でも激化するようになった。

図2-38　東京計画一九六〇と丹下健三

この現象は、インフラの未発達が経済発展のスピードを押しとどめ、都市の成長を阻害するボトルネック論が現実化したものといえよう。そこで丹下は、従来の同心円モデルを見直し、過度な人口流入に耐え、計画的な発展を可能にする線型モデルに注目したのである。

（2）東大都市工学科と地域開発センターの設立

丹下はＭＩＴ滞在中、ハーバード大とＭＩＴの共同都市研究所（Joint Center for Urban Studies of MIT and Harvard Univ.）から多いに影響を受け、帰国前からジョイント・センターをモデルにして日本の都市研究機関の創設を構想していた。これは都市問題のシンクタンクである東京都市政調査会を換骨奪胎して新たな組織に組み替える一方、それにふさわしい人材を供給するための学際的な学科の立ち上げを意味した。

前者の東京都市制調査会の改変について、１９６０年当時、新組織への参加メンバーとして高山英華の他に、茅誠司・東大総長、下河辺淳や大来佐武郎といった大物官僚、社会学者・磯村英一、経済学者・都留重人などがリストアップされていた。しかし、市制調査会への根回しがうまくいかず、別組織の立ち上げとなり、１９６４年2月に日本地域開発センターが設立され、その発起人として茅、高山、丹下、磯村、都留の他に財界人の東電社長・木川田一隆、日本開発銀行総裁・平田敬一郎などが名を連ねた。同センターは「日本経済発展の支柱となり、国民生活の向上に役立つよう、日本国土の将来図を新しい観点から総合的に、科学的に、かつ国際的視野の元に確立していくこと」を目的として設立され、具体的には「産業界と学界とが相互の立場を尊重して相提携し、まったく新鮮な観点からこれらの実現に必要な調査研究計画の樹立を行い、これを政府の政策に強力に反映させていくこと」を目標とした。これには建設省や経済企画庁の現役官僚も参加し、産学官から諸分野の専門家が集う協同討議の場となり、各研究班は毎年合宿[37]で発表を行い、国土のあるべき姿を模索したが、[38]特に下河辺を核とする新全総策定作業チームには大きな影響をおよぼしたと考えられる。

後者の学際的な学科の立ち上げについて、アメリカから戻った丹下は東大の各学部から一講座ずつ出して、総長直属の都市研究所[39]をつくり、地理学・社会学・経済学・建築・土木・造園の専門家が集う組織の立ち上げを茅に訴え、茅もそれに同調したが、各学部のセクショナリズムが露呈して工学部の範囲で組織改変した都市工学科設立に止まった。[40]

また丹下はジョイント・センターでケヴィン・リンチや彼の師であるジョルジュ・ケペシュに出会い、最新の視覚情報理論に触れ、情報化された都市構築への認知心理学の重要性を理解した。丹下は帰国の際にケペシュやリンチの研究成果を持ち帰り、丹下研究室に紹介している。のちにリンチの研究成果は英文で出版されたが、丹下研のメンバーらは同心円的な都市のコアに代る線状都市（都市軸）を説明する根拠としてリンチを応用しようと試みている。

リンチの視覚情報研究に近しい成果として芦原義信の作業が挙げられる。芦原はロックフェラー財団の援助で『外部空間の構成：建築から都市へ』を書き上げたが、同財団のファーズ人文科学部長宛に推薦状を書いたのが丹下であった。実はそれに先立ち、丹下は1959年12月28日ニューヨークにあるファーズの事務所を訪れ、日本でのふたつの都市研究機関（東大都市工学科と地域開発センター）創設のために同財団の協力を要請していた。[41] しかしファーズは芦原の研究テーマを知るや、経済や技術といった都市の「量」の問題と同時に芦原的な都市の「質」の問題（心理学的側面）も研究課題に加えてほしい、と切り返す。[42] また同財団は都市問題を人文科学的に深めることに強い関心を寄せており、フォード財団ならば「量」の問題に協力的ではないか、と付け加えている。その後の丹下とファーズの応答は途絶え、高山と丹下はリンチに近しいはずの芦原を都市工メンバーに加えず、地域開発センターはフォード財団の援助の下に創設されることになった。

この事実から推量できるのは、都市工学科創設の目的は経済学・社会学・地理学・工学の統合による「量」の問題解決にあり、今日の景観法的な「質」の問題は生まれつき馴染まなかったのである。言い換えれば、都市の「質」を考慮する芦原のスタンスは謙虚な清貧の思想であり、成熟社会の持続性を問う際に求められたが、一方の「量」を強調する丹下と都市工は豊かさへの渇望を強く打ち出す思想であった。

さらに付け加えれば、東京計画一九六〇を見たリンチは丹下に対して送った手紙の中で“exciting idea, handsomely done”と評しつつ、線状構造に疑問を呈し、サークルトランスポーテーションは高架鉄道と同様に急速に時代遅れとなると批判する。またステージごとの建設ではクルドサックになるのではないかと評した。これを読んだ丹下はその手紙に直接殴り書きし、リンチの批判には量の問題もアクティビティの問題も入っていないと論駁している。さらに線状構造の弱点を認めつつも、建築と道路が有機的に結合する際にその可能性を発揮すると強調し、これからの都市の発展には不可欠だと結論付けている。

（3）『図集・日本列島の地域構造』

都市工学科丹下研究室では情報化社会に呼応した視覚伝達技術の開発を目指し、リンチによる『都市のイメージ』の翻訳の他に、『図集・日本列島の地域構造』と『21世紀の日本』に結実した。ここに至る経緯として、丹下は１９６４年11月に東海道メガロポリスを発表し、第一次全国総合開発計画における新産業都市指定を批判しながら、東京・大阪間への資本投下を強調していた。言い換えれば、丹下の発想は公共事業のバラマキによる地域格差の是正ではなく、収支の見合う公共投資を推奨する立場をとった。例えば、丹下は研究室メンバーに減価償却される前の道路・建物・住宅の「粗資本ストック」[43]を算定させ、生産力算定の精度向上を目指した。より具体的に言い換えれば、東海道が他の地域に比して工業の生産性が高いにもかかわらず、東海道以上に他の地域に公共投資が手厚く行われている実態を明らかにし、東海道への集中投資の合理性を導こうとしていたのである。

丹下研究室では、国土の施設・資本ストックの集積の他に地理学者である木内信蔵・東大教授とともに全国の旅客移動量、自動車貨物移動量などの統計データを収集し、国土開発に必要な客観的な地図作成に取り組んだ。この作業は先に挙げた日本地域開発センターにおける「国土開発地図研究班」に該当し、3年の歳月をかけて約180図、120枚からなる『図集・日本列島の地域構造』に纏められる。

この作業で注目されるのは3点あり、第1点としては日本で最初の包括的な国土開発地図であり、ドイツ・フランス・イギリスなどの先行事例を視野に入れたことが挙げられる。次いで第2点は製作過程にあり、始めに統計の切り口が諸専門家[44]によって討議され、丹下研を中心に統計データを収集・整理し、グラフィック・デザイナーとの協働によって美しい出力に至っている。西欧では国土地図を製作する際、ノイラートのアイソタイプ[45]が用いられたが、日本の国土開発地図にふさわしい方法として①六角形メッシュによる都道府県間の構造の抽出、②5㎞単位の正方形メッシュによる市町村間の構造の抽出を提案している。[46]第3点には地図の途中経過が合宿の場で披露され、大来佐武郎や浜英彦といったさまざまな分野の第一人者が批評を加える場が用意された点にある。

専門家による理論研究とモデル化、グラフィック・デザイナーによる図化、近隣分野の専門家による批評、という協働作業の反復によって始めて出版に耐える客観性をもった地図が完成することになる。またノイラートとは異なり六角形メッシュを採用することで、日本列島のイメージを損なうことなく、各県の有機的な連関を保ちながら、その偏差を明確に表示できる点が特異であった。

（4）ジョイント・コアと山梨文化会館

丹下が1959年から1960年にかけて渡米していた間、丹下研究室の磯崎新は高山英華研究室のメンバーらとともに静岡市中心部再開発計画に参加した。その際、特にそのビジネス地区への提案として以下3点――①都市的なスケールをもつ架構が都市建築の骨組となること、②そのほかに多様なスペースと広がりをもつ建築的空間をさし込むこと、③段階計画に耐え、平面的・立体的な増築が可能で、その段階での建築的表現を完成させてみることができるようにすること――を掲げ、現況の区画が立体換地方式によって整理される人工土地の創出を目論んだ。一般に駅前再開発は関係する地権者が多く、全員一致で合意を得ることは稀である。言い換えれば、飛び地状の敷地所有者が先に再開発に同意し、一定の広さの敷地が確保できるまで開発は塩漬けとなりがちである。そこで磯崎は一計を案じ、入手できた飛び地に巨大な柱を立ててしまい、高さ31m以上のエリアに巨大な梁を渡し、そこを活動エリアとすれば、新しい時代に呼応した都市建築を

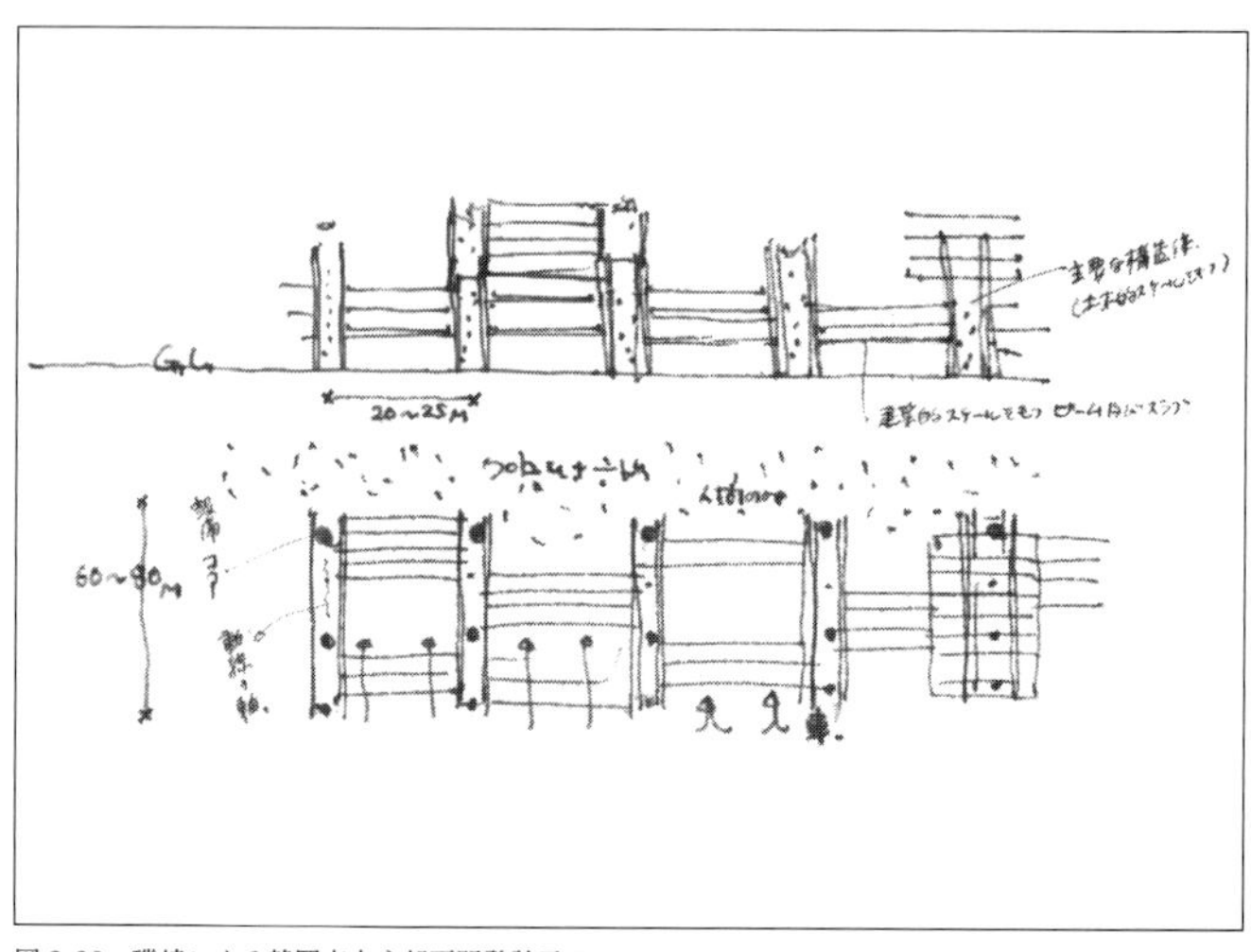

図 2-39　磯崎による静岡市中心部再開発計画のスケッチ

構想できる、と踏んだのである。無論、この発想は31ｍの高さ制限が有効だった時代に法の外側を描く提案であり、荒唐無稽この上ない提案であった（図２‐39）。

１９６０年上半期、磯崎は静岡での経験を下に新宿淀橋浄水場跡開発計画を発表した。[47]この中で旧都庁舎のような耐震コアを繊細なファサードで覆う手法を「１９５０年代のテイスト」として位置付け、自らの計画がブルータリズムの影響下で配管・配線・サッシュのビスをすべて露出する手法である、と強調する。そこでは石油コンビナートの装置工場がモデルとされ、生産の流れを現す主要パイプの動脈の周辺に不定形な装置が取り付き、高度の生産性を実現しているが、新宿淀橋浄水場跡開発では交通と設備を伴うジョイント・コア

図2-40　山梨文化会館外観

にオフィススペースが偶然的かつ秩序付けられて配置され、トポロジカルな広がりも耐えうるよう考慮した、[48]と説明している。

　この手法は東京計画一九六〇のオフィス街区に採用され、電通計画、山梨文化会館にも大きな影響をおよぼした。特に山梨の基本計画初期段階では、敷地中央部にコアを集約させ、全面道路側（手前側）にオフィス、奥に印刷工場などを配置するオーソドックスな計画であった。これに対し、「丹下さんにしては、全く普通の建物ですね」と施主に指摘され、[49]手前側と奥側の行き来が頻繁に生じることが判明し、16本の柱を分散させるジョイント・コアの採用となった。具体的には、放送局、ラジオ局、新聞社、印刷所など、各機能に応じた広さ・高さの空間が立体的に配置され、有

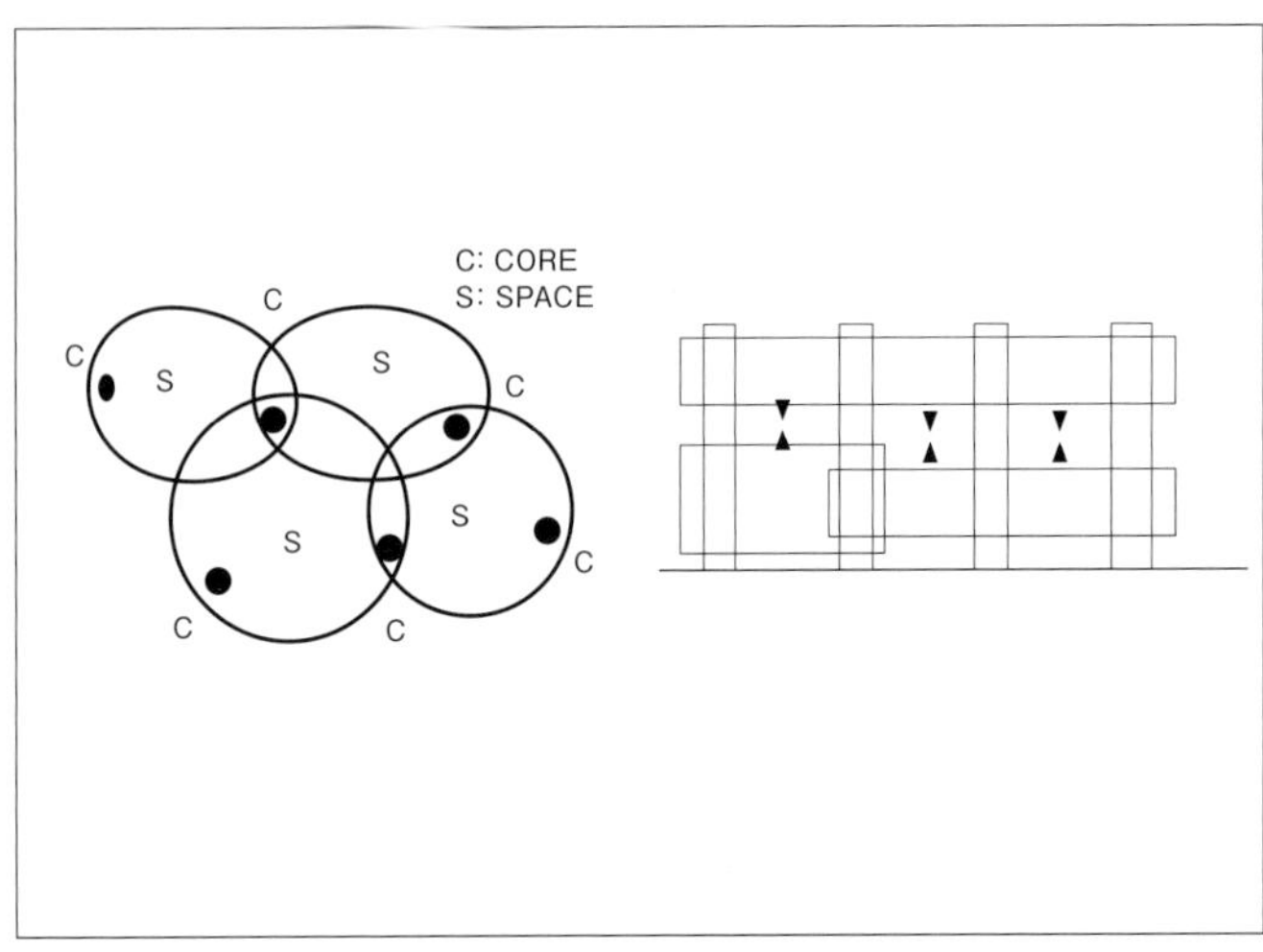

図 2-42　山梨文化会館　ダイアグラム 02：柱(C)とオフィス(S)が一対一で対応しない

図 2-41　山梨文化会館　ダイアグラム 01：立体的に配されたブロック同士が関係をもつ

機的に連結された。この施設は必要に応じて増築が可能なように計画され、今日に至るまで現役のテレビ・ラジオ放送局、新聞社として活用されている（図2-40、41、42）。

この結果、〈流れ〉による構造の把握、成長と変化、構造の視覚化がテーマとなり、[50] チーフを勤めた丹下研究室メンバーの岡村幸一郎はRC特有のさまざまな表現を駆使し、ジョイント・コアによる新しい秩序と自由を強調するに至った。丹下はこの計画について「どこか未完成さの表現」、「成長と変化への暗示」を感じ取り、「空間のなかにコミュニケーションの組織が立体格子のように見え」、50年代の建築物よりも「より高次に有機化しつつある」と指摘する。[51]

しかし岡村は山梨の竣工後にコアの分散と

有機化にどれほどの妥当性・普遍性があるかを疑問視し、都市建築設計研究所（URTEC）退社後に勤務した熊本大でオフィスのアクティビティを分析し続けた。[52] 言い換えれば、50年代の丹下研では都市の人口動態を同心円としてモデル化し、その極点に適切な耐震コアを据えて無限定床を取り付けたが、これを脱構築したはずのジョイント・コアはその論理的裏付けと妥当性を立証できず、敷地内で浮遊を余儀なくされたのである。

（5）東海道メガロポリスと大阪万博会場計画

東京計画一九六〇の線型モデルは東海道メガロポリスに発展拡大されていく。前者は皇居・丸の内と木更津を結ぶ高速道路であったが、後者は丸の内と名古屋・大阪を結ぶ巨帯（ゾーン）であった。明治以来、日本の国土計画は首都圏、中部圏、近畿圏といった圏域を基本単位とし、公共投資も圏域ごとのバランスに従って配分されていた（図2－43）。しかし、1960年代には東海道新幹線、東名高速道路の開通が相次ぎ、これらの圏域を打破した公共投資の効率的配分と国土の有機的統合が現実のものと意識されるようになった（図2－44）。特に1970年の大阪万博会場は東海道メガロポリス上に計画された未来都市そのものであった。

この大阪万博の会場計画の基本設計を担当したのが丹下と西山夘三・京都大学教授であった。丹下らは大阪万博会場を未来都市のコアと位置付け、大阪・千里に広がる100万坪の竹やぶに未

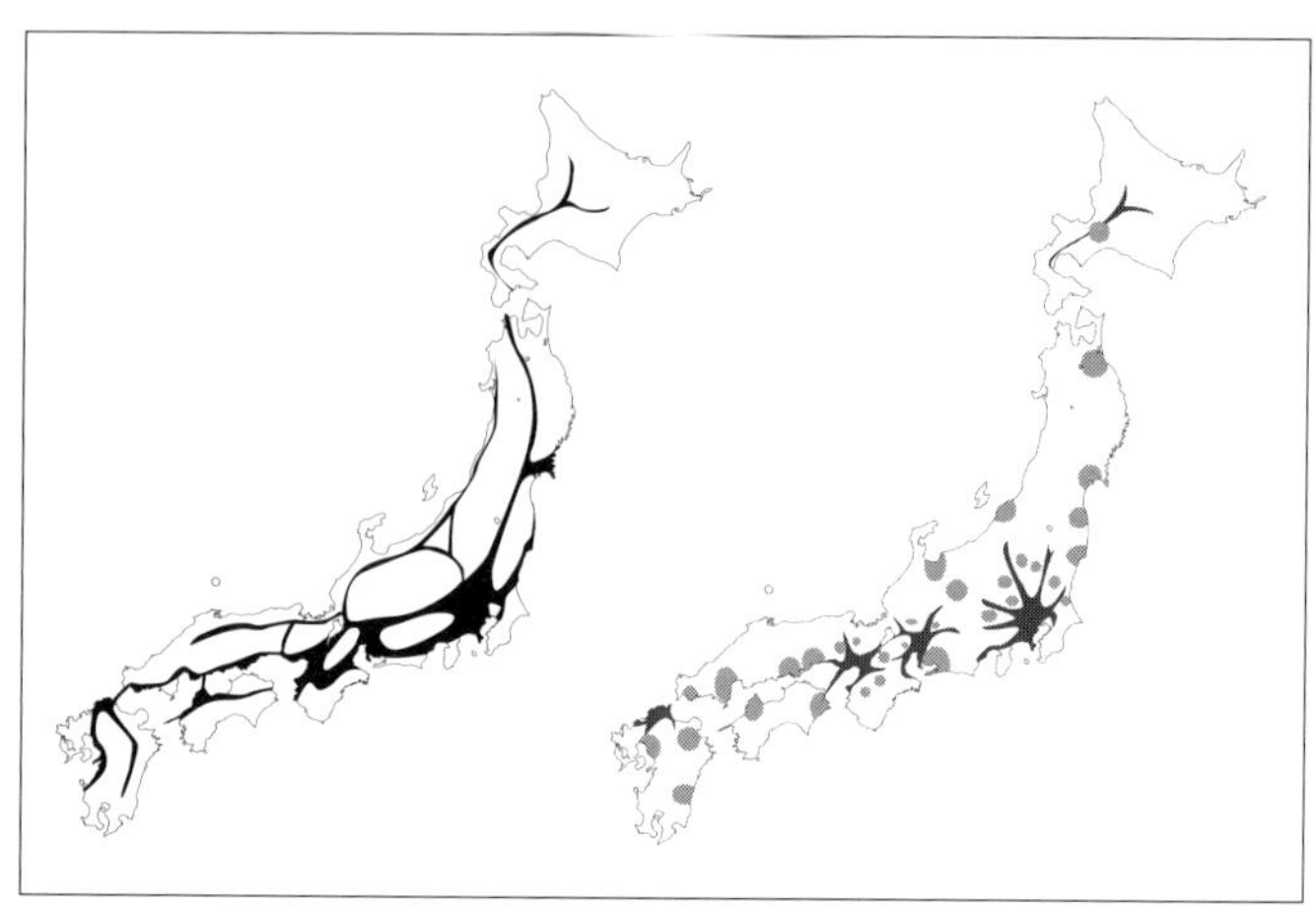

図2-44　メガロポリス的に理解された日本列島

図2-43　メトロポリス—エクメノポリス的に理解された日本列島

来都市を投影した。その際、施設の中心部にはお祭り広場・人工頭脳・環境というキーワードが組み込まれた。特に人工頭脳は大量の観客の制御や、お祭り広場の演出機構、ロボット演出といった問題に昇華され、環境は透明屋根による直射日光制御、人工湖、地域冷房設計として具体的な提案に発展していった。

その後、丹下は万博会場基幹施設（会場中央のお祭り広場と中央のメイン・ゲートおよび東西南北の4つのゲートを連絡する装置道路、装置道路の要所に配置されたサブ広場、これらによって構成されているネットワーク）全体の実施設計を司り、菊竹清訓や大高正人など、丹下研究室に属さない多くの若手建築家と協働設計を実現し、大きな成果を上げた（図2-45）。

図2-45 万博お祭り広場（撮影：長島正充）

総じて、東海道メガロポリスが高度経済成長に伴う巨大公共投資の青図となり、大阪万博がそれを象徴した、と評価できよう。一方で産業界は東海道メガロポリスの軸線上にない僻地の有効利用を主張し、関西電力は大阪万博への電力供給を目的として美浜原子力発電所を建設した。[53] 東京計画一九六〇の線型モデルは、加納構想や旧来の同心円的な都市構想を強く意識しながら生まれ、東海道メガロポリスに発展する過程で、旧来の圏域を破壊し、公共投資の受け皿となることで高度経済成長を可視化する力をもった。半面、海洋汚染や環境破壊にとどまらず、取り残された僻地に迷惑施設が多く配されかねない、合理的土地利用のアポリア（近代都市計画上の解決困難な課題）を抱えることになったのである。

2-6 小結

ここまで、丹下健三の建築作品の5つの特徴について述べてきたが、今一度おさらいしてみたい。

第1の近代と伝統について、丹下は古今東西の建築に対する通俗的な解釈を拒否しながら、近代と伝統の枠を乗り越え、自らの建築観を根本から問い直そうとした。

第2の戦争と平和について、丹下は戦前戦後を通じて戦没者の慰霊空間を設計し、戦争と平和の問題を絶えず重要な課題と看做してきた。その際、象徴に向けられた軸線、人びとが集う広場、それに付随する建築が巧みに配置されている点で一貫している。

第3の戦後民主主義と庁舎建築について、丹下は旧都庁舎、倉吉市庁舎、倉敷市庁舎、今治市庁舎、香川県庁舎の設計を通じて、都市のコアに市民（通勤者）が集うと同時に、そこで発生する過密の問題を建築のコア（EV・階段・配管などの共用部）の配置によって解決し、都市のコアと建築のコアの有機的統合を目指した。その際、芸術家との協働も重要な課題とみなされた。

第4の大空間の挑戦について、丹下は構造家・坪井善勝との出会いを通じてシェル構造を次々と実現させた。初期は朝顔シェルや裁断球形シェルなど、単純な幾何学をもちいることでシェルを我が物とし、そののちにはHPシェルを巧みに組み合わせながら東京カテドラルに到達した。丹下と坪井は一連のシェル構造の実現を通じて、世界最先端の建築表現に挑戦し続け、「現代の人間の心を動かし、精神のたかまりを感じさせる」ことに成功した。

第5の高度経済成長のデザインと大阪万博について、丹下は戦後日本社会の高度経済成長を鼓舞する三次元都市ビジョンや高速移動手段と一体化した未来都市のコアを提案した。このことで、建築・都市・国土をメガストラクチャーとして把握する視点が提示され、それまで海外の模倣と受容に徹してきた日本の建築デザイン・都市デザインが一転して世界に向けて訴求力をもつことになった。

1 丹下健三「建築の尺度について、または、空間と社会」『新建築』1954.01, p.11
2 丹下健三・前川國男・生田勉「欧米社会と近代建築の潮流」『国際建築』1951.12, p.13
3 丹下健三「グロピウスが残した余韻」『グロピウス博士の日本文化観』彰国社 1956, p.380
4 丹下健三「序文」『桂　日本建築における伝統と創造』造型社 1960, p.5
5 丹下健三「広島計画 1946-1953　とくにその平和記念館の建設経過」『新建築』1954.01, p.12
6 大谷幸夫『建築家の原点』建築ジャーナル 2009, pp.17-18
7 丹下健三「廣島市平和記念公園および記念館競技設計等選圖案 1等」『建築雑誌』1949.11, p.42
8 イサム・ノグチ『ある彫刻家の世界』美術出版社 1969, p.171
9 大谷幸夫『建築家の原点』建築ジャーナル 2009, p.19
10 丹下健三「50000人の広場」『芸術新潮』1956.01, pp.76-80
11 丹下健三「丹下研究室」『一本の鉛筆から』日本経済新聞社 1985, p.59
12 丹下健三「戦没学徒を記念する広場」『丹下健三　建築と都市』世界文化社 1975, p.330
13 丹下健三「丹下研究室」『一本の鉛筆から』日本経済新聞社 1985, p.66
14 磯崎新「青山高樹町アトリエ」『青山時代の岡本太郎 1954–1970』川崎市立岡本太郎美術館 2007, p.14
15 岡本太郎「現代芸術研究所」リーフレット1954年頃（『青山時代の岡本太郎 1954–1970』川崎市立岡本太郎美術館 2007, p.37）
16 司会を務めた佐藤次郎の発言。丹下健三・村野藤吾・佐藤次郎座談会「建築家のあり方」『日刊建設新聞』1957.07.28
17 丹下健三の発言。丹下健三・村野藤吾・佐藤次郎座談会「建築家のあり方」『日刊建設新聞』1957.07.28
18 「我々は現実に正面からぶつかっていかねばならない。この態度は単にロマンチックなものではなく、むしろ逆に、ロマンチックであると同時に極度にレアリスチックなものとでも云ふくきであらう。まづ冷静に現実を観察して、上述の二つの極性（筆者註：合理的に機械化された抽象画の無機的要素の再構成である美学とダダイスム、スュールレアリスムの如き極端な非合理主義）を究め、これを主体的にとらへることによって、相互を妥協折衷することなく、逆に、矛盾の深淵を絶望的に深め、その緊張の中に前進するのである。（中略）この態度はまづ第一に科学的であり、革命的でなければならない。これが尖鋭化すればする程それは必然的にその反対のモメントである非合理的、主体的パトスを生起する契機となり、矛盾をはらむのである（この事実を政治的に目かくしすべきではない）。芸術家はこの矛盾を引きうけて必死な体顕をしなければならないのであり、これを充分に意識して逆に強調し創造することを、対極主義と私は名付けるのである。」

岡本太郎「対極主義」世田谷美術館『世田谷時代１９４６−１９５４の岡本太郎』2007, p.14（初版：『岡本太郎画文集アヴァンギャルド』月曜書房　1948.11.30）

19　丹下健三「龍安寺の石庭」『グロピウス博士の日本文化観』彰国社　1956, p.161

20　「新制作派協会規約」新制作派協会ホームページ http://www.shinseisaku.net/wp/

21　金子正則「香川県庁舎建設の思い出」『丹下健三作品集：現実と創造 1946–1958』美術出版社　1966, p.292

22　猪熊弦一郎「香川県庁舎の壁画について」『丹下健三作品集：現実と創造 1946–1958』美術出版社　1966, p.286

23　丹下健三「広島平和記念カトリック聖堂建築競技設計説明書」広島カトリック教会編『平和記念広島カトリック聖堂建築競技設計図書』洪洋社　1949 p.20

24　坪井善勝「愛媛県民館」『建築雑誌』1954.07, p.21

25　坪井善勝「愛媛県民館」『建築雑誌』1954.07, p.22

26　対談：丹下健三×坪井善勝「古い構造を「流行」に仕立てる」『国際建築』1954.07, pp.21-23

27　ヒルベルザイマー「われわれはどこに向っているのであろうか」『現代建築の源流と動向』渡辺明次訳　SD選書74　鹿島出版会　1973, pp.271-273

28　小槻貫一・吉岡三樹「静岡市体育館」『建築文化』1958.02, p.46

29　坪井研究室「静岡市体育館構造計算書」1957, p.3　東大生産技術研究所川口健一研究室所蔵

30　丹下健三「無限の可能性　鉄とコンクリート」『建築文化』1958.02

31　「吉岡美樹インタビュー」豊川斎赫編『丹下健三とKEZO TANGE』オーム社　2013, pp.282-283

阿久井喜孝「座談会：3超多忙な時代の中で：「東京カテドラル聖マリア大聖堂」とその周辺」槇文彦・神谷宏治編『丹下健三を語る』鹿島出版会　2013, p.88

33　「東京キャセドラル指名競技設計入選案設計主旨」『新建築』1962.07, p.70

34　産業計画会議編『東京湾二億坪埋立計画』ダイヤモンド社　1959

35　大高正人「新しい都市」『国際建築』1959.02, p.31

36　丹下健三研究室「東京計画１９６０　その構造改革の提案」『新建築』1961.03, pp.79-120

37　地域開発合同研究会は１９６６年2月9日〜11日の三日間にわたって八王子・大学セミナーハウスで行なわれ、寝食をともにしながら20

時間におよぶ討議を行った。『地域開発』1966.03

38 丹下は都市工と地域開発センターを以下のように比較する。「大学のなかでは都市計画などをベーシックなかたちでやっていますが、もう少しひろく考えなければならないと思って、このセンターを作ったのです。」丹下健三「像：山梨文化会館を設計した丹下健三」『SD』1967.04, p.96

39 高山英華「I 都市計画への道」『私の都市工学』東京大学出版会 1987, p.41

40 高山前掲「I 都市計画への道」p.20

41 丹下は渡米中からケペシュとリンチの研究を知っていたが、ファーズからの贈り物としてリンチの"The image of city"を初めて手にしている。

42 ロックフェラー財団の援助で都市の心理学的側面を研究した成果として、K・リンチ『都市のイメージ』、J・ジェイコブス『アメリカ大都市の生と死』が挙げられる。なお、1962年には磯崎新が丹下の推薦を得てロックフェラー財団の援助を申請したが、却下されている。

43 福澤が「粗資本ストック」という言葉にこだわったのは、当時経済企画庁でも同様の研究がなされていたためであった。福澤宗道氏インタビュー 2006.09.19

44 地図のキーワードの切り出しを行った専門家委員は以下のとおり。浜英彦、磯村英一、木内信蔵、今野源八郎、西川治、大石泰彦、岡野行秀、斎藤昌男、舘稔、高山英華、渡辺定夫、山口岳志 日本地域開発センター編『図集・日本列島の地域構造』至誠堂 1969

45 ノイラートの思想、実践、普及については『世界の表象：オットーノイラートとその時代』武蔵野美術大学図書館 2007に詳しい。

46 スペース・コンサルタント（牧谷孝則、田辺員人ほか）「パターン解析への提案1〈図集・日本列島の地域構造〉に用いられた手法」『地域開発』1967.11, pp.51-52 なお、本来のアイソタイプは統計的な曖昧さを除去するために六角形のサイズを変化させることはせず、同一単位（例えば人型）の反復によって比較する手法を取る。ノイラートは「何らかの量が増せば増すほど、形態の量も増すように表現されなければならない。」坂本奈賀子「Vienna Method」『オットー・ノイラートとその周辺』武蔵野美術大学大学院視覚伝達デザインコース修士論文 2006, p.38

47 磯崎新「新宿計画」『近代建築』1960.06

48 「エレメントの構成・空間のリズム」『建築文化』1961.11, p.108

49 丹下・神谷・平良座談会「山梨文化会館について」『SD』1967.04, p.75

50 岡村幸一郎「山梨文化会館におけるアーバン・デザインの方法」『建築文化』1967.04, pp.68-69

51 丹下健三「コミュニケーションの場としての空間」『建築文化』1967.04, p.38

52 岡村幸一郎、長谷英昭「オフィスビルに於けるフレキシビリティの計算方法」日本建築学会学術講演梗概集：計画系　1978.09, pp.1185-1186「事務所建築における空間規模のフレキシビリティの定義および試算」日本建築学会論文報告集　1979.07, pp.121-128

53 「美浜発電所建設にあたり、当社内の合い言葉は「万国博に原子の灯を」であった。」「第二章　高度経済成長と技術革新　第三節　電源開発の推進」『関西電力50年史』関西電力株式会社　2002, pp.414-419

第３章　都市デザインから読み解く代々木競技場

本章では、近世末から現代に至る代々木の来歴を3つの都市デザインの観点（軍事拠点整備、オリンピック招致、道路整備）から振り返る。特に大正から昭和初期にかけて行われた観兵式の様子については東京朝日新聞記事を引用し代々木のリアルな様子を紹介する。このことで、帝都の軍事拠点・代々木に「平和でより良い世界を作ることに貢献すること」を謳うオリンピック施設が建設されたことの意味がより際立つ、と考える。

また、都内の幹線道路建設についても並行して記述する。帝都建設にとって高速道路網の整備は重要課題であり、戦後の首都東京の発展にとって都市のコアとなる施設整備とともに首都高整備が肝要であったことを示したい。なお、本章のみ和暦と西暦を併記することで、読者の理解促進を図りたい。

3-1 戦前の代々木

(1) 近世末から明治末まで（19世紀末～20世紀初頭）

近世において、代々木は江戸の辺境に位置し、江戸城防衛のため大名や旗本の武家屋敷が数多く置かれた地域であった。その中に、井伊家藩邸（今日の明治神宮内苑）、岡部家藩邸（代々木競技場の敷地の一部）が建ち、周辺には農地が広がっていた。

図3-1　臨時軍用気球研究会の日野熊蔵、徳川好敏両大尉により日本最初の飛行をしたハンス·グラーデ単葉機（1910.12.1、代々木練兵場）

明治に入り、江戸の武家地や武家屋敷が明治政府から上地（没収）されると、井伊家藩邸の跡には田畑が広がることとなった。その後、井伊家藩邸はいったん払い下げられた後、明治7年（1874年）に宮内庁が購入し、最終的に明治22年（1889年）、皇室が所有する南豊島御料地となった。一方で明治42年（1909年）、御料地南側の農村地地帯には、広大な代々木練兵場が設置された（図3-1）。

ここで軍事拠点整備の視点から江戸・東京の変化を振り返ると、東京都心には越中島、日比谷、青山が練兵場として整備されていった。明治20年（1887年）前後に始まる軍事施設の移転に伴い、大山街道（赤坂·青山·渋谷·駒沢·溝口、現在の国道246）沿いに陸軍関連施設が配置された。例えば、大山街道の

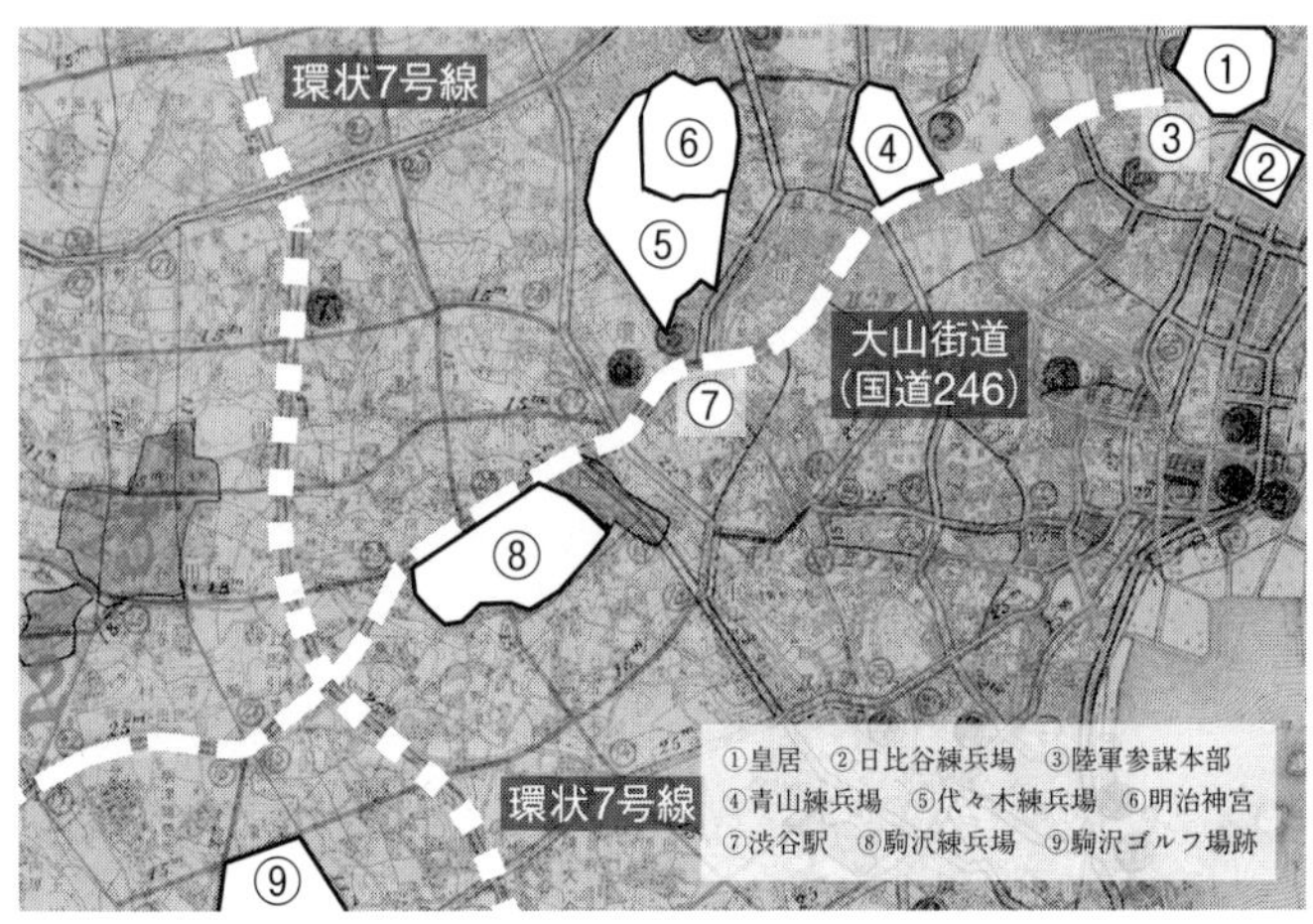

図3-2　東京都都市計画地図・大山街道（国道246）と環状7号線

起点に当たる赤坂御門には陸軍省・参謀本部が配され、西に向かうにしたがって、青山練兵場のほか、騎兵や砲兵の兵営が大山街道に沿って配されていった。その後、日清戦争（明治27−28年、1894−1895）と日露戦争（明治37−38年、1904−1905）の前後に駒場・駒澤兵営群、駒澤練兵場が造営され、赤坂から渋谷・世田谷方面は一大軍事拠点となり、大山街道が「軍道」[2]としての性格を付与されていった。明治42年（1909年）、代々木には練兵場と衛戍監獄が造営され、大山街道沿いの青山・代々木・駒沢は東京衛戍地における軍事訓練の中心地となった（図3-2）。

（2）大正から戦前・戦中まで：明治神宮の建設、代々木練兵場での活動

図3-3　明治節（明治天皇誕生日）に明治神宮に参拝する東京市在郷軍人会（1927.11.3）

代々木に練兵場が造営されて3年後の明治45年（1912年）、明治天皇が崩御し、昭憲皇太后が大正3年（1914年）に崩御した。これに伴い、明治天皇と昭憲皇太后を祀るための明治神宮造営が計画された。具体的には、代々木練兵場の北に位置する南豊島御料地に内苑を配して社殿を設け、青山練兵場には絵画館や運動施設を有する外苑が造営された。特に神宮内苑には人工森が整備され、一帯の景観を守るために風致地区に指定された（図3-3）。

大正6年（1917年）以降、代々木練兵場は観兵式の会場として利用され始め、観兵式には大元帥である昭和天皇臨御のもと、第二次世界大戦が終わるまでほぼ毎年催され、帝都の中で代々木は軍事拠点としての性格を強めていった。例えば1934年4月30日付の東京朝日新聞には「皇軍の威容を示すけふの大観兵式　代々木原頭の偉観」と題する記事が掲載され、近衛・第一両師団の在京部隊一萬五千の将兵が早朝から代々木練兵場観兵式場に集合、拝観の市民が観覧席を埋め尽くした様子を伝えている。同様に、1944年1月9日付の朝日新聞には「神武の絵巻を彩る学徒兵の歩武　感激する共栄圏使臣」と題された記事が掲載され、同月八日に代々木練兵場で行われた陸軍始観兵式の様子が伝えられた。記事によれば、きらびやかな外国使臣に交じって駐日ビルマ大使参事官らも参加し、「昨年八月に独立以来大東亜共栄圏の一翼としてともに戦ひつつあるビルマ国の人々がはじめて拝する観兵式である」と報じた。また、観兵式に参加の戦車部隊が翌九日に都内行進を行い、「数百台の戦車は右、中、左の三縦隊に分れ騎兵学校佐伯静夫大佐指揮の右縦隊は午前九時より代々木練兵場渋谷口より、千葉戦車学校松田哲人大佐指揮の中縦隊は九時半渋谷口より、東部○○部隊保刈清大佐指揮の左縦隊は九時山谷口よりそれぞれ進発、驕敵米英撃滅の轟音に地軸を揺るがせつつ四時間にわたって行進を続ける」と紹介している。

代々木で観兵式が開催されたことを市民生活レベルで読み解くと、式では最新兵器を用いた軍事訓練が一般公開されたため、多くの見物客が代々木に押しかけ（図3-4）、さらに軍関係者の享楽の場として練兵場周辺の飲食店街が繁盛し、渋谷界隈は軍事基地経済の恩恵に浴した。[3]

また、代々木練兵場では軍事教練、観兵式の他に、武装した学生らが参加する行事も多数行わ

図3-4　天長節（天皇誕生日）に昭和天皇の臨席を仰いで行われた観兵式での空陸一体の立体分列行進。（1944.4.29　代々木練兵場）

れた。例えば、1939年11月19日付の朝日新聞によれば、「興亜滅共の誓ひ　二千五百人の学徒武装行進」と題された記事が掲載され、愛国学生連盟の「興亜滅共第十回愛国祭」が同月18日午後から代々木練兵場で挙行、銃後学生の意気を高らかに示した、と報じられた。同様に1940年2月12日付の朝日新聞には「代々木の盛観：畏し朝香大将宮御巡閲の光栄、集ふ若人四萬五千」と題された記事が掲載され、都下大学、高等専門学校、建国祭本部連合主催の「紀元2600年大学高等専門学校建国奉祝会」は畏くも朝香大将宮殿下台臨のもとに帝都六十五校四萬五千八百余名の武装若人を動員して十一日午後から代々木練兵場で盛大に挙行された、と報じた。

（3）五輪会場候補地問題と東京高速度道路網計画

大正13年（1924年）、東京市長永田秀二郎は、前年に発生した関東大震災の復興に尽力し、紀元2600年（1940年）の記念事業としてオリンピック招致を掲げた。[4] その後、昭和11年（1936年）7月、誘致活動の甲斐あって、ベルリンで開かれたIOC総会において東京へのオリンピック招致が決定した（図3-5～6）。昭和11年（1936年）12月24日に開かれた第1回組織委員会総会では、メーンスタジアム候補地として代々木、品川、駒沢、上高井戸、神宮外苑など9カ所が候補地として上がった。昭和12年（1937年）2月にはIOC委員から神宮外苑を大拡張してメーンスタジアムのほか水泳競技場も同一敷地内に建設する試案が発表されたものの、議論が紛糾した。[5] 当時、オリンピック施設計画の有識者として参加していた岸田日出刀・東大助教授は、外苑以外の第一候補地として代々木練兵場（約30万坪）を思い浮かべていた。しかし「軍部万能の時世で、たかがスポーツぐらいのために、皇軍のためのこのりっぱな練兵場をつぶすとはなんたるたわけぞとばかりに抹殺されてしまった」[6]という。ただし、外苑案も当該地区の管理者である内務省神社局の同意が得られず、昭和13年（1938年）4月23日、第25回組織委員会総会で外苑競技場改造案を放棄し、駒沢にメーンスタジアムと水泳競技場を建設することを正式決定した（図3-7～8）。

ところが、当時の日本は昭和12年（1937年）7月7日の盧溝橋事件以降、日中戦争が泥

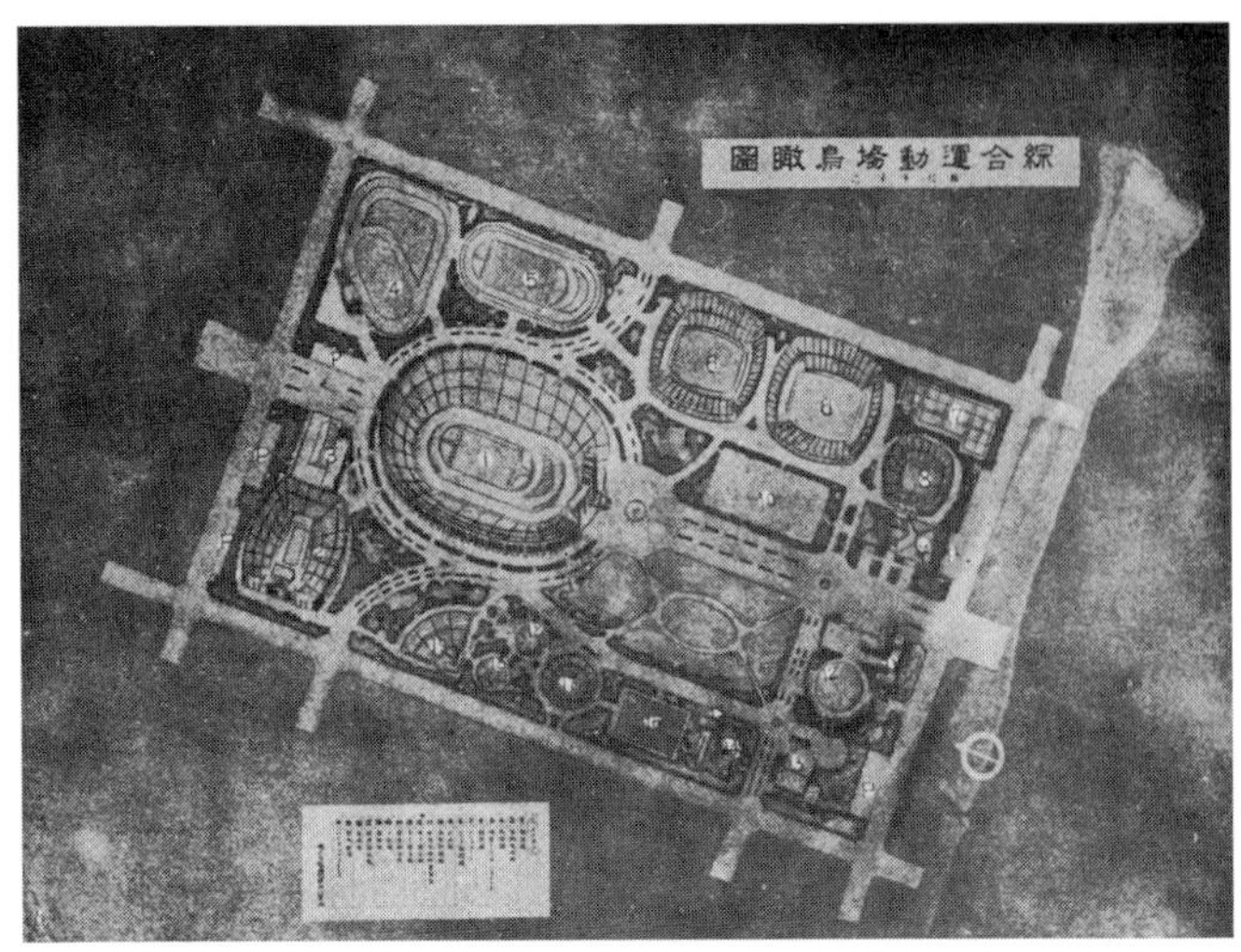

図3-5　東京市都市計画課が作成したオリンピック総合競技場試案（1935.2.21 マスコミ発表）

図3-6　ベルリンオリンピック（撮影：内田祥三）

沼化し、資材統制が敷かれ、メーンスタジアム用の鉄骨材の入手が困難な状況に陥っていた。こうした時局の変化に翻弄され、駒沢に決まって3カ月後の昭和13年（1938年）7月14日、オリンピック東京大会を返上することになった。その後、駒沢ゴルフ場跡地は昭和17年（1942年）に駒沢緑地として都市計画決定され、防空緑地の対象地として昭和18年（1943年）9月に東京都防衛局が買収[7]、「駒沢決戦緑地計画」[8]が立案されたものの、実態は農地として食糧生産が行われた。

オリンピック東京大会を返上した昭和13年（1938年）、内務省都市計画東京地方委員会に勤務していた土木官僚・山田正男は「東京高速度道路網計画」を発表した。この計画では、東京を中心に4本の環状線並びに放射線8本（総延長839km、幅員16－20m）を設け、平均速度100km、中心街と空港、鉄道、運河などを立体的に結んでいる。当時、東京都では昭和2年（1927年）に大東京道路網計画を策定し、環状7号、8号線の計画が立案されたが、実現の目処は立っていなかった。山田は「政治上、軍事上、産業上の見地より大都市と都市群間、都市群相互間の交通は将来益々増加せんとする傾向あり、且つ地方計画、国土計画の見地より人口の分散、産業の分散を誘導し、都市と農村の相剋を救済せんがために高速度道路の開設は緊急を要する」[9]と力説している。この背景として、山田が自動車工業の驚異的発展が鉄道輸送の経済価値に勝る時代が来ることを確信したこと、ナチス・ドイツの国土計画、経済政策（アウタルキー）、交通政策（アウトバー

図3-7　駒沢オリンピック競技場配置図

図3-8　主競技場正面透視図

ン）に強い影響を受けていたことが挙げられる。[10] 山田が戦前から温めた、都内重要施設間の高速ネットワーク化構想は、昭和32年（1957年）の首都高速道路計画案の礎となった。

3－2 戦後の代々木

（1）終戦直後の占領政策：ワシントン・ハイツの建設

第二次世界大戦の敗戦は東京の都市計画に大きなインパクトを与えた。昭和20年（1945年）9月8日、米軍騎兵第一師団は旧陸軍練兵場である代々木にキャンプを設営し、[11] 同年12月に接収した。その後、日本政府に命じて数百戸の住宅、小学校、教会などからなる米軍家族用住宅集区（ワシントン・ハイツ）を建設させた[12]（図3－9～10）。しかし、ワシントン・ハイツ内での独身宿舎・兵舎の建設計画が明るみに出るや、地元自治体である渋谷区は風紀の乱れや自動車交通の激増に対して懸念の声が噴出し、衆議院外交委員会で渋谷区山谷小学校PTA会長、渋谷区代々木山谷婦人の会代表、渋谷区議会議員らが証言するまでに至った。[13] この反対運動は昭和30年（1955年）11月22日の第3回日米連絡会議で取り上げられ、米軍側が「地元とも円満にやってゆきたいから協力してほしい」と呼びかけた結果、地元・米軍双方の代表で構成する地区連絡協議会を設けて、毎月1回定期的に協議し、これらの問題を処理する運びとなった。[14] その後、渋谷区は米軍と粘り

図3-9　空から見たワシントンハイツ

図3-10　ワシントンハイツ　B-1a, B-2a型連続住宅

強い交渉を続け、昭和33年（1958年）末、ハイツ南端の衛戍監獄跡地の返還に成功し、渋谷区総合庁舎建設に着手する。

一方、東京は度重なる空襲によって都心域の大半が灰燼に帰し、東京都都市計画局の石川栄耀、戦災復興院の近藤謙三郎、内務省の山田らを中心として、戦災復興計画の立案に取り組んだ。特に東京都市計画街路の幹線道路が都市計画決定され、東京に高速道路を建設する必要性が議論されたものの、財源不足で実現しなかった。また、昭和30年（1955年）に東京都建設局計画部長となった山田は、翌31年（1956年）にまとめたレポート『東京都市計画の道路の現状と将来』の中で、高速道路建設の必要性を訴えたが、[15] 実現の目処は立っていなかった。

（2）オリンピック招致に伴うワシントン・ハイツ返還運動

戦災復興事業と進駐軍による代々木の占拠が続いた昭和27年（1952年）、東京都は再びオリンピック招致に動き出し、昭和34年（1959年）5月に行われた第55回ＩＯＣ総会（ミュンヘン）にて昭和39年（1964年）第18回大会東京招致が決定した。これを受け、都心の道路網整備とワシントン・ハイツ返還交渉が大きく動き出した。まず都心の道路網整備について、東京オリンピック準備委員会は昭和33年（1958年）4月11日の第2回総会で選手村を朝霞のキャンプ・ドレイク（旧陸軍被服廠分廠、以下ドレイク）に建設することを決定し、招致決定後の同年

11月30日第3回組織委員会でドレイク南地区に建設することを決定した。その直後につくられた「オリンピック東京大会施設大綱」(同年12月2日)には、「競技場、オリンピック村等の相互連絡および都心部との交通を確保するための、オリンピックパーク、駒沢スポーツセンターおよびオリンピック村の相互を結ぶ道路並びにこれらと都心部および羽田空港を結ぶ道路の整備[16]」と記された。昭和35年(1960年)3月、山田はオリンピック開催決定を機に、東京の都市計画道路の全面的再検討の必要性を訴え、①道路率の大幅上昇、②高架・地下化による幹線道路の高速化・立体交差化、③計画道路網を経済的で能率的に再編成、④都心部副都心部の路外駐車場の建設、⑤都心部の交通需要増加発生原因であるビルの高度または建蔽率などを制限、を挙げている。[17]特にオリンピック道路建設に重要な問題となったのが羽田飛行場から都心への高速道路建設の他に、選手村の位置決めであった。先に触れたとおり、選手村はドレイク内に建設予定で、朝霞と駒沢を結ぶ環状7号線、駒沢と千駄ヶ谷のオリンピックパークを結ぶ放射4号(大山街道・国道246)の建設が重要視された[18](図3-11)。言い換えれば、遅々として建設が進まない環状7号線を完成させるためにドレイクに選手村を配置した、ともいえる。高山英華・東大建築学科教授は朝霞と都心を結ぶ幹線道路整備について、ヒトラーがベルリン・オリンピック時に高速道路を建設し、選手を軍用車で送ったことが山田の脳裏にあったのではないか、と指摘している。[19]また幹線道路整備は国際大会の成功を目指した事業であると同時に、池田勇人首相が唱えた所得倍増論に沿った

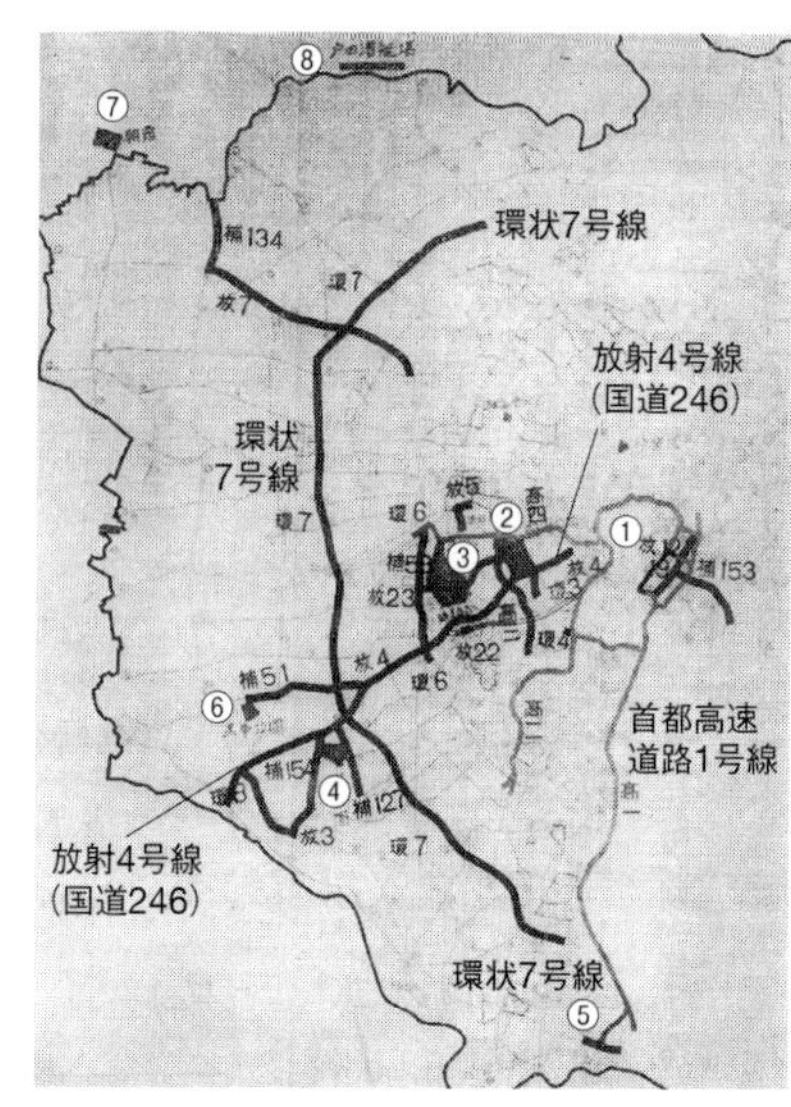

①皇居
②国立競技場
③代々木国立屋内総合競技場
④駒沢競技場
⑤羽田空港
⑥馬事公苑
⑦朝霞
⑧戸田漕艇場

図3-11　オリンピック関連街路の整備

計画であった。というのも、当時から都心部のインフラの脆弱さが経済活動のロスを生むボトルネック[20]が指摘され、経済成長の基盤として特に幹線道路整備が期待された。

一方のワシントン・ハイツの返還について、そもそもJOCは1958年（昭和33年）にIOCに提出した立候補ファイルの中で、明治神宮球場に隣接する敷地（現在の霞ヶ丘アパート跡地付近）に水泳場を建設予定とした。[21] しかし、昭和34年（1959年）12月9日の第3回施設大綱小委員会はワシントン・ハイツ南端に体育館施設として利用する案を提言し、文部省より各部局へ返還要求がなされている。また、第4回組織委員会では、ワシントン・ハイツ内に4万人収容の世界最大の水泳プールを建設することを決定した。[22] 施設間の選手移動のみを考えれば、代々木のワシントン・ハイツ跡地に選手村と水泳競技場を建設することが最も効率的であったが、米軍からの返還が約束されていないこと、環状7号線建設の根拠が得られる点でドレイク内に選手村を配することが魅力的であったと考えられる。

しかし、昭和36年（1961年）5月9日の日米合同委員会施設特別委員会において、米軍は日本政府に対し、ドレイクの一時使用は認めるが全面返還は認めず、ワシントン・ハイツの一部返還は認めないが移転経費全額日本側負担の条件でワシントン・ハイツの全面返還を認める、と回答した。米軍の対応が急変した理由として、安保闘争で極度に高まった反米感情の沈静化を狙って、米軍が都心一等地である代々木を接収解除し、第18回大会開催に協力的な姿勢を見せることが挙げられる。また木造平屋で老朽化したワシントン・ハイツの施設群を日本政府の全額負担で更新できることも魅力的であったと考えられる。

ここから選手村、水泳競技場の建設地を巡って迷走が始まり、昭和36年（1961年）8月10日には池田勇人首相がワシントン・ハイツ以外の敷地を探すよう指示を出した。[23] この結果、それまで積み上げてきた施設計画は大いに揺らぎ、議論が紛糾した。その理由は3つ挙げられ、第1に、オリンピック招致の段階で日米両政府が接収解除の文書を取り交わしていなかった。これは戦勝国と敗戦国の間で対等な外交は存在しないことの現れと考えられる。第2に、朝霞から代々木に選手村を移動すると環状7号線の建設根拠を失うため、東京都が埼玉県とともに朝霞での選手村建設に固執した。第3に、日本政府は80億円ともいわれる調布水耕農園への米軍住宅移設費を出し渋った。[24] 一時、秩父宮ラグビー場や駒沢運動公園、赤坂離宮内野球場、新宿御苑、神宮プール、明治公園霞ヶ丘、新宿副都心、代官山警察学校等[25]なども候補地に取りざたされたが、適切な敷地を都心部に見出すことができず、昭和36年（1961年）10月24日、日本政府はワシントン・ハイツの全面返還、水泳競技場の新設、および当該敷地の既存施設を選手村として活用を決めた。[26] 東京都は、①都が建設中のオリンピック関連道路を既定方針通り完成させること、②オリンピック後にハイツを森林公園にすること、などを条件に選手村の代々木移転を受け入れた。この後、昭和37年（1962年）11月30日、米軍よりハイツの一部が返還された。[27]

こうした政府間交渉と並行して、「渋谷区オリンピック村招致協議会」（代表：渋谷区長）や、民間主体の「オリンピック村招致区民連盟」が発足し、街頭署名運動や陳情を行って、ワシントン・ハイツ返還運動を草の根的に繰り広げた。なお、渋谷区総合庁舎には区役所の他に渋谷公会堂が含まれ、第18回大会重量挙げ競技会場として使用された。

（3）接収解除後の代々木：競技場、NHK、岸記念会館、青少年センターの集積

ワシントン・ハイツの選手村跡地を森林公園とすることが閣議決定されて1年後、NHKがワシントン・ハイツの一部割譲を願い出た。そもそもNHKはテレビセンターを竜土町に建設する

予定であったが、将来を見据えてテレビ・ラジオ放送の一元化を狙い、機能充実するには手狭であったという。そこでＮＨＫは東京オリンピック大会組織委員会から一括委託を受けたことを大義名分として、昭和37年（１９６２年）８月、ハイツの一部３万坪の払い下げを政府および都に働きかけた。

これに対して東京都は、選手村跡地は森林公園として閣議決定・都市計画決定されており、これを許可するとワシントン・ハイツ跡地に他の機関が割り込んでくる口実ができるとし、強く反対した。[28] その後、オリンピックにおける放送事業の国際的役割の重要性などを考慮して、都と国の間で協定が結ばれ、①国がＮＨＫに２万５千坪以内の森林公園予定地を提供すること、②前項の用地以外の土地は森林公園とすること、③国は放送センター用地として提供するワシントン・ハイツ地区とほぼ同地積の国有地を公園用地として東京都に無償貸付するものとする、とした。この結果、東京都は青山公園内の新竜土町所在の国有地約９、０００坪と、目黒区駒場町所在の旧前田邸（現駒場公園約９、８００坪）の無償貸付を受けた[29]（図３-12）。

また、御茶ノ水・岸記念体育会館はアマチュア・スポーツの総本山として親しまれてきたが、昭和38年（１９６３年）５月にはワシントン・ハイツ内に移転することが決まった。国立屋内総合競技場の山手線側の国有地約５、４００㎡を、ＮＨＫテレビセンター同様18万円／坪で払い下げを受けた。規模は地下１階地上４階の建坪延１万㎡で、オリンピック大会中の各国のＩＯＣ委

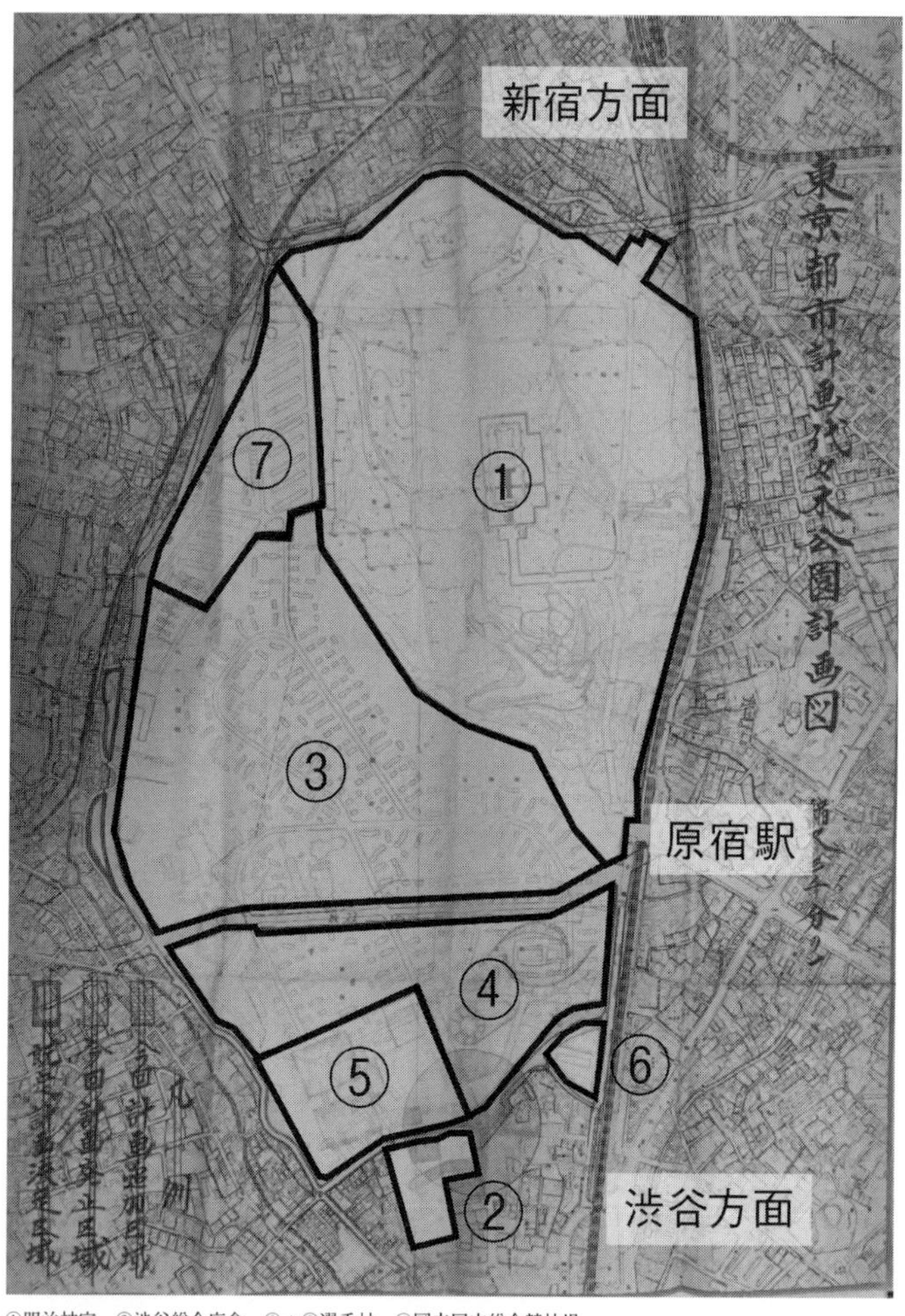

①明治神宮　②渋谷総合庁舎　③＋⑦選手村　④国立屋内総合競技場
⑤日本放送協会 NHK　⑥岸記念体育会館　⑦青少年オリンピックセンター

図3-12　東京都市計画代々木公園計画図（1964.2.12）

員室、組織委事務所、各競技連盟事務所、内外記者団室が計画された。総じて、ワシントン・ハイツ跡地には選手村、水泳、バスケットの会場となる国立屋内総合競技場、重量挙げ会場となる渋谷公会堂、ＮＨＫ放送センターの出入り口が集中した。この結果、観衆の往来、関係車両の輻輳など、交通の混乱が予想され、昭和39年（１９６４年）2月、選手村渋谷口全面広場の整備と東京都市計画街路補助線街路第１５５号線関連の改造計画が立案・施行された。[30]

丹下は渋谷区役所、公会堂、ＮＨＫの各々が体育館とまったく異なる利害関係と思惑をもっていたため、お互いに話し合いの余地がまったくなく、「渋谷口広場は、景観的にまったく不統一であるばかりでなく、車と人の分離などの機能的な問題も未解決のまま残されてしまった[31]」と悔やんでいる。

さらに、ワシントン・ハイツ北端には米軍が宿舎として建設したＲＣ造4階建15棟が残っていたが、昭和39年（１９６４年）4月末、文部省はこれを活用した「オリンピック記念青少年センター」の構想を大蔵省に打診している。[32]その際、体育、スポーツによる青少年の集団研修指導、体育、スポーツの指導者の養成研修や、国際競技、その他国際交流のため来日する外国人青少年の短期滞在の際にここにおいて国際交歓をはかる、とした。また、社会教育行事、修学旅行などについても、集団行動に必要な指導を行うことが設立目的に掲げられた。オリンピック終了直後には、日本住宅公団用地案や国税庁の税務講習所案などが取りざたされたものの、[33]昭和40年（１９６５年）には青少年センターが発足し、翌年から研修生の受け入れを開始している。

3-3　小結

本章では、明治期から1964年のオリンピック東京大会開催まで、代々木の地がどのような変遷を経てオリンピック施設の建設地となったかを整理した。その際に留意したのは以下4点である。

第1に、明治初期の東京では軍隊に関連する施設整備が赤坂から西に伸びる大山街道（現在の国道246）沿いに計画され、戦前の五輪招致関連会場もこの沿線上に計画された。帝都建設を考察する際、軍事拠点と国家イベント会場が都心から西に伸びる軸線上で展開されたことは大変興味深く、戦後東京の都市計画に決定的な影響を与えた。

第2に、戦前の東京五輪会場候補地として岸田は代々木を推奨し、同時期に山田は東京高速道路網計画を立案した。両案とも幻の計画となったが、1964年の東京五輪招致の際に大いに活用された。

第3に、代々木練兵場は1945年8月の敗戦直後にGHQに接収され、ワシントン・ハイツの敷地となったが、安保闘争による反米運動によって代々木の返還が遅れた。このことが、水泳場の設計者選定に大幅な遅れをもたらした。

第4に、ワシントン・ハイツが日本に返還され、代々木競技場の設計が進む過程でNHKに敷地の一部を割譲することになり、渋谷公会堂・渋谷区役所前・NHK・代々木競技場が面するエリアのアーバンデザインが不明瞭になった。

1　東京都建設局『越中島川河川整備基本方針』2005, p.2
2　吉田律人「第9章　渋谷周辺の軍事的空間の形成」上山和雄編『歴史の中の渋谷2　渋谷から江戸・東京へ』雄山閣　2011, p.252
3　吉田律人「第二章　代々木練兵場の社会史」上山和雄編『渋谷学叢書　第5巻　渋谷　にぎわい空間を科学する』雄山閣　2017, p.78
4　橋本一夫『幻の東京オリンピック』日本放送出版協会　1994
5　橋本前掲　pp.150-151
6　岸田日出刀「オリンピック東京大会とその施設」『新建築』1964.10, p.117
7　「駒沢公園に関する資料」東京都公文書館編『都史資料集成Ⅱ　第7巻　オリンピックと東京』東京都生活文化局広報広聴部都民の声課　2018, p.361
8　蓑茂寿太郎「世田谷区における公園整備の推移に関する研究」『造園雑誌』54(5)　1991, p.324
9　山田正男「東京高速道路網計画案概要」『時の流れ、都市の流れ』鹿島研究所出版会　1973, p.118（初出：「都市計画東京地方委員会」1938）
10　山田正男「第1章　1937-1941　自動車時代、大都市時代の到来」『時の流れ、都市の流れ』鹿島研究所出版会　1973, p.5
11　「一夜に〝天幕村〟出現：代々木練兵場設営の第一日」『朝日新聞』1945.9.10

12 「代々木に米軍住宅村：礼拝堂、劇場まで完備」『朝日新聞』1946.9.10
13 衆議院外交委員会11号 1954.2.27
14 「問題解決　将校、軍属九百が入居　ワシントン・ハイツ―東京都」『朝日新聞』1955.11.23
15 越沢明「12章　東京オリンピックと首都高速道路」『東京都市計画物語』日本経済評論社 1991, p.225
16 文部省「第4章　協力の経緯とその内容」『オリンピック東京大会と政府機関等の協力』1965, p.61
17 山田正男「東京オリンピックと交通問題」『新都市』1960.03, p.9
18 「特に放射4号線について、青山通りの密集商店街の整理、渋谷－三軒茶屋の多摩川電車との関係など困難な問題が山積しており、多額の国費・都費の投入は勿論、立体換地・公庫の中高層融資・住宅公団の市街地施設住宅の建設等の手法を積極的に取り入れて行かなくてはその解決は難しいであろう。」木村英夫「オリンピック東京大会を迎えるために」『新都市』1960.03, p.4
19 高山英華『都市の領域―高山英華の仕事』建築家会館叢書 1997, pp.85-86
20 「経済成長というものには、基本的なインフラストラクチャーが必要であるけれども、交通関係、通信関係のところに非常に大きなボトルネックがあって、これでは経済が発展しないということがテーマになりました。道路や鉄道、通信でボトルネックをいかに解消するかということが、国土政策の最大の課題になったわけです。」下河辺淳「第3回　戦後50年の国土開発」『国土行政計画考』国土技術研究センター　2002, p.4
21 「第18回オリンピック競技大会立候補ファイル付図：PLAN FOR THE OLYMPIC PARK」東京都公文書館編『都史資料集成Ⅱ　第7巻　オリンピックと東京』東京都生活文化局広報広聴部都民の声課　2018 扉絵
22 「ワシントン・ハイツ代々木に決まる　世界最大の五輪用プール」『読売新聞』1960.1.30
23 「五輪体育館宙に浮く　ワシントン・ハイツは断念　首相指示でほかを物色」『朝日新聞』朝刊 1961.08.11
24 田畑政治の証言。「20世紀の軌跡：五輪うら話（続）46　代々木選手村」『朝日新聞』1984.9.19
25 財団法人オリンピック東京大会組織委員会『オリンピック東京大会　資料集7　施設部』1965, pp.11
26 「全面返還申し入れ　ワシントン・ハイツ」『朝日新聞』朝刊 1961.10.25
27 「明日、一部返還　ワシントン・ハイツ」『朝日新聞』朝刊 1962.11.29
28 「都議会　政府要請に反対　ＮＨＫテレビセンター代々木原への建設」『朝日新聞』1963.1.15
29 相川貞晴・布施六郎・東京都公園協会監修・東京公園文庫27『代々木公園』郷学舎 1981, p.30

30　文部省原議書地体第6号「代々木選手村渋谷口全面広場の整備について」決裁：昭和39年2月12日、受信者：建設省関東地方建設局長、発信者：文部省体育局長　国立公文書館所蔵

31　丹下健三「国立屋内総合競技場の経験」『建築文化』1965.01, p.75

32　文部省原議書文体第168号「オリンピック選手村の大会終了後の使用について」決裁：昭和39年5月1日、受信者：大蔵省管財局長、発信者：文部省体育局長　国立公文書館所蔵

33　「やっかいな跡始末：オリンピック」『日本経済新聞』夕刊　1964.10.25

第４章　建築デザインから読み解く代々木競技場

国立代々木競技場（計画段階の名称は国立屋内総合競技場）は、敷地面積：約91、022㎡、構造：RC造、SRC造および高張力による吊り屋根構造、階数：地上2階・地下2階、延べ床面積：約27、507㎡（第一体育館）、約4、862㎡（附属諸室）、約5、675㎡（第二体育館）、収容人員：第一体育館11、593名、第二体育館3、545名（立ち見席含まず）、工事費：約30億6、000万円、施工業者：清水建設（第一体育館）、大林組（第二体育館）となっている（図4-1～4）。

この競技場の設計は、意匠：丹下健三・構造：坪井善勝・設備：井上宇市のコラボレーションにより行われ、基本・実施設計を12カ月程度で終えた。建設省はこの案の実現には最低でも22カ月の工期が必要と判断していたが、工事現場は1963年2月に仮設工事が始まり、1964年8月末の引渡しが厳命され、結果的に19カ月の短期決戦が強いられた。

本章では、国立公文書館に保管されている基本設計図書、および東大生産技術研究所川口研究室に保管されている実施設計図書・図面を用いて代々木競技場の基本・実施設計および施工現場における工事プロセスを整理してみたい。

図4-1　空から見た代々木競技場

図4-2　原宿口から見た第一体育館

図4-3　オリンピックプール　第一体育館内観

図4-4　第二体育館外観

4-1　代々木競技場の設計プロセス

(1) 設計者の選定

文部省は、国立屋内総合競技場の設計について建設省、組織委員会関係者と数度にわたり協議した。この結果、他の国立の特殊な建造物の例にならい、わが国建築界から、国際的にも認識される優秀な者を選考するための委員会を文部省に設置し、委員会の選考に基づき、指名することが最も妥当であるという結論に達した。[1] こうして、1961年11月13日と20日、国立屋内総合競技場建築設計者選考委員会が文部省体育局室にて開かれ、文部省幹部、建設省幹部、岸田日出刀・施設特別委員長ほか13名の有識者が召集された。

1961年4月の段階で、文部省は同年10月末までに基本設計が終了する算段であった。しかし、11月中旬に設計者を決定できず、早急に着手しなければ東京大会開催までに竣工できないおそれがあった。このため選考委員会は急迫の際競争に付する暇がないと判断し、予算決算および会計令第96条会計法第29条分担書の規定により随意契約を選択した。そして、過去の業績を考慮し、丹下健三、坪井善勝、井上宇一の設計グループを基本設計者に選出した。[2]

1962年1月、国立屋内総合競技場建設予定地の敷地調査工事を1月末から2月末までに行うことが決まり、基本設計の委託先として財団法人建設工学研究会が選出された。そもそもこの研究会は建築・土木関係の研究開発を主な業務とする文部省の認可を受けた財団法人であり、坪井の構造設計をサポートする人びとも勤務していた。この研究会を母体として丹下、坪井、井上が屋内総合競技場の基本設計を行う体制が整えられ、基本設計料は工事費22億４５３１万円に対して４８０万円と見積もられていた。[3] １９６２年５月11日、組織委員会が開催され、その席で屋内総合競技場の設計および建設計画の概要が説明され、翌朝新聞発表された。[4]

その直後、実施設計の担当者選定に関する協議が進められ、丹下がアドバイザーを務める株式会社都市建築設計研究所（ＵＲＴＥＣ）が選出された。文部省は実施設計者にＵＲＴＥＣを選出した理由を３つ挙げ、第1に、建設省は調布米軍住宅の建設のため余力がなく、屋内総合競技場の実施設計を民間設計事務所に委託する以外ない。第2に、大手の設計事務所は基本設計が他によってなされたものについて実施設計を引き受けないのが通例であった。第3に、この競技場の実施設計は、基本設計の特殊性を忠実に生かすとともに、組織的にも能力的にも委託の条件を十分に果しうる者によって作成されなければならず、基本設計と一貫してなされることが望ましい、と記されている。[5]

藤森照信による先行研究[6]によれば、代々木競技場の設計を担当したかった建設省サイドと丹下を設計者に推したかった岸田サイドの綱引きがあった、と指摘されている。公文書の中に岸田と建設省の対立は確認できなかったが、文部省は多忙にもかかわらず自ら設計したい建設省と丹下を推したい岸田に板ばさみとなり、文部省が調停案として実施設計者選定に関する3つの決定理由をひねり出した、とも解釈できる。同時にコンペ開催を期待する声があったが、時間が逼迫する中でコンペ開催は非現実的と判断された。

なお、丹下はそれまでの設計活動を東大建築学科丹下研究室内で行っていたが、国立屋内総合協議場の基本設計者に選出されたことを機に、兼業の疑念を晴らすべく、設計拠点をURTECに移した。また、丹下は国立大学の教員で国家公務員であったため、丹下研究室の大番頭であった神谷宏治が社長に就任し、計画通知申請などの代表者となった。

当時、文部省が作成した工程表によれば、実施設計は1962年9月末終了、11月までに積算、年末に入札を行い、1963年1月には建築工事が始まり、1964年8月末に竣工、となっていた。この段階で、1963年10月竣工が非現実的であり、オリンピック開幕直前に竣工せざるをえないほど工期が追い込まれていた。

(2) 基本設計の概要

丹下・坪井・井上は設計者として指名されたのち、基本設計に取り掛かった。特に意匠を担当する丹下研究室では、さまざまなスタディ模型がつくられ、それらをもとに検討が進められた（図4-5～8）。丹下らが1962年3月20日に文部省に提出した「屋内総合競技場基本設計説明書」

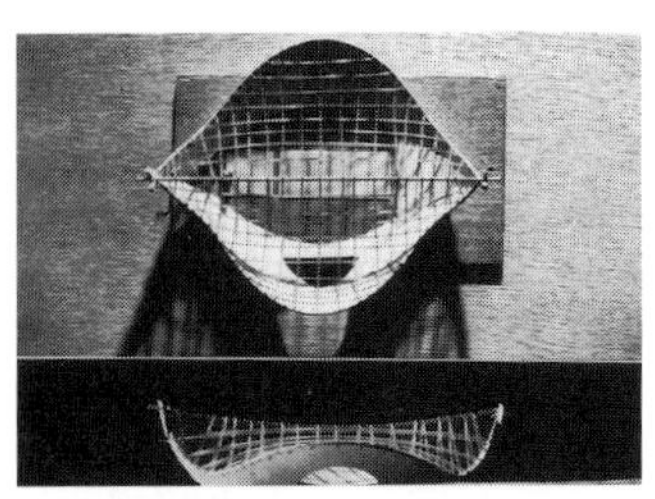

図4-5　代々木競技場のためのスタディ模型(1)

図4-6　代々木競技場のためのスタディ模型(2)

は、7つのセクション(建築概要・面積表・仕上表・建築設計説明書・構造設計説明書・設備設計説明書・工費概算書)からなる。ここでは、建築・構造・設備の設計説明書、および工事概算費の概要について整理してみたい。

第1の建築設計説明書について、A・一般事項、B・配置計画、C・建築計画の3項目から整理されている。

A・一般事項では、1万数千人を収容する国際的スケールをもったオリンピック競技場として、ふさわしい高い水準をつくることが目標に据えられ、観客の大群集が選手と一体になって競技の進行に参加し、満場の興奮の中に国際的な連帯感を強めるようなダイナミックな空間を形づくることを掲げている。また、都市景観の中でスポーツの高揚を暗示し、集り

図4-7　代々木競技場のためのスタディ模型（3）

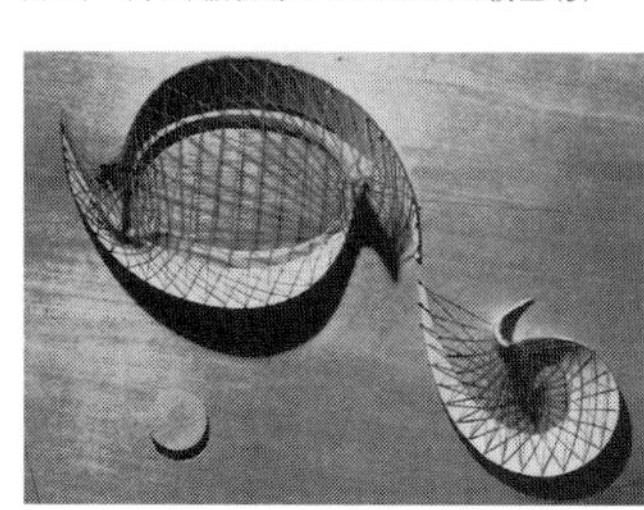

図4-8　代々木競技場のためのスタディ模型（4）

図4-5～8
撮影：神谷宏治

来る人びとがこれから中で行われる競技に対して抱く期待に背かぬような美しい外観と印象的な配置を形づくることが謳われた。

B・配置計画では、第一体育館が渋谷駅と明治神宮社殿とを結ぶ軸線上に中心を置くよう配置され、同時にほぼ南北軸（明治神宮社殿の軸）に一致させる、と記されている（図4−9）。小体育館は第一体育館との釣合を考慮して、敷地の西寄りに配置された。また、原宿口と渋谷口を結んで、パーキングスペースと体育館の間にプロムナードが設けられた。これは原宿、渋谷方面からの歩行者、パーキングスペースからの自動車利用者を受け止め、これらの観客をひとつのゲートに導くことを意図したものであった。

C・建築計画では、まず第一体育館の主出

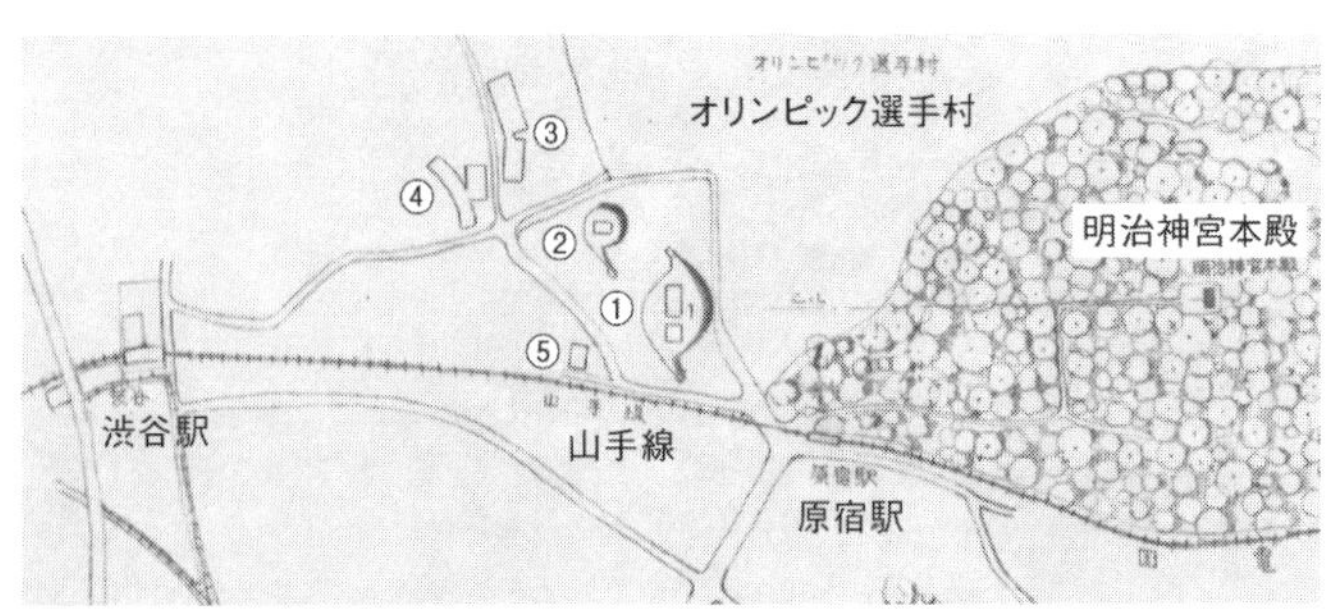

図 4-9　竣工時の敷地周辺図

1 第一体育館　2 第二体育館
3 NHK　4 渋谷総合庁舎
5 岸記念体育館

入り口が原宿口、渋谷口を指向して据えられ、観客はこの主出入り口から傾斜路に沿って上階、下階の客席に導かれる、と記されている。巴型プランのため、主出入り口からはアリーナおよび客席スタンドの全体を見通すことができ、自分の着席位置への指向を早く確認することができる。客席の配置は各席からプールのエッジが見えるように配慮された。第一体育館アリーナには、競泳プール22m×50m、飛込プール22m×50mを設け、その上に可動床パネル、可動配管を設けて、アイススケート場28m×60mを設けることも可能とした。第二体育館アリーナにはバスケットボールコート1面を設け、練習時には観客スタンドの一部を除いて2面とし、他の用途への転用を考慮している。

第2の構造設計説明書について、坪井と坪井の元で構造設計に取り組んだ川口衞は、吊り屋根形式、各種構造の適性の検討、基礎地盤性状とその対策の3項目から整理している。まず吊り屋根形式について、7つに分類されている（①一方向形式としてサーリネンによるワシントン・ダラス空港、②二方向形式としてノビッキーによるローリー・アリーナ、③放射形式としてE・D・ストーンによるブリュッセル万博アメリカ館、④尾根アーチ形式としてサーリネンによるイエール大学ホッケーリンク、⑤未だ実現のない尾根綱形式、⑥屋根吊り形式としてG・キルヒナーによるフランクフルトの格納庫、⑦その他の形式としてセドラーによるメルボルンのオリンピック競技場、図4－10）。[7]

坪井と川口は7つの類型のうち、世界に例のない⑤尾根綱形式を基本設計の重要課題に位置付け、木の葉型吊り屋根（図4－11）、ポール型吊屋根（図4－12）について具体的な検討を行った。前者は境界アーチが平面曲線の場合、空間曲線の場合について検討が行われている。具体的には図4－22にあるとおり、[8] A1とA2の間（120mスパン）にメインワイヤー（尾根綱）を張り、A1・A3・A2を通る二次放物線形のコンクリートアーチを設定した後、このアーチと主ワイヤー間を多数のサブワイヤーでつないで屋根面と形づくっている。坪井と川口は、木の葉型が尾根綱の張力とリングアーチのスラスト（水平力）をバランスさせることを狙ったもので、力学上は合理的な構造であると評価しつつも、丹下らのイメージとは異なるとした。

①

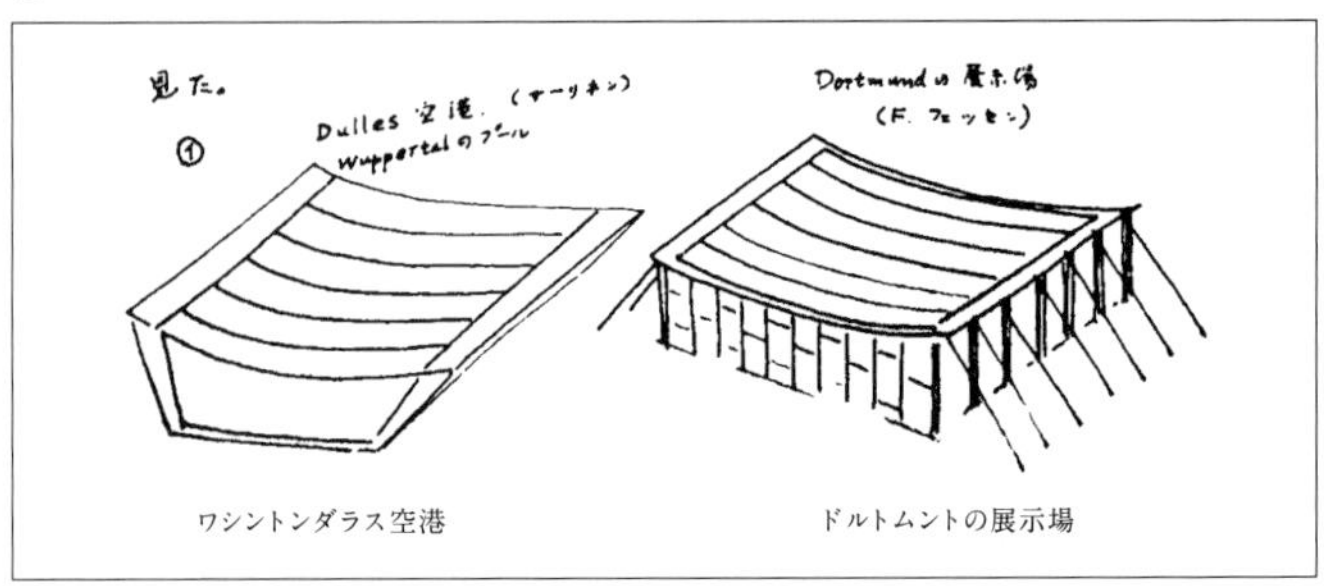

ワシントンダラス空港　　ドルトムントの展示場

②

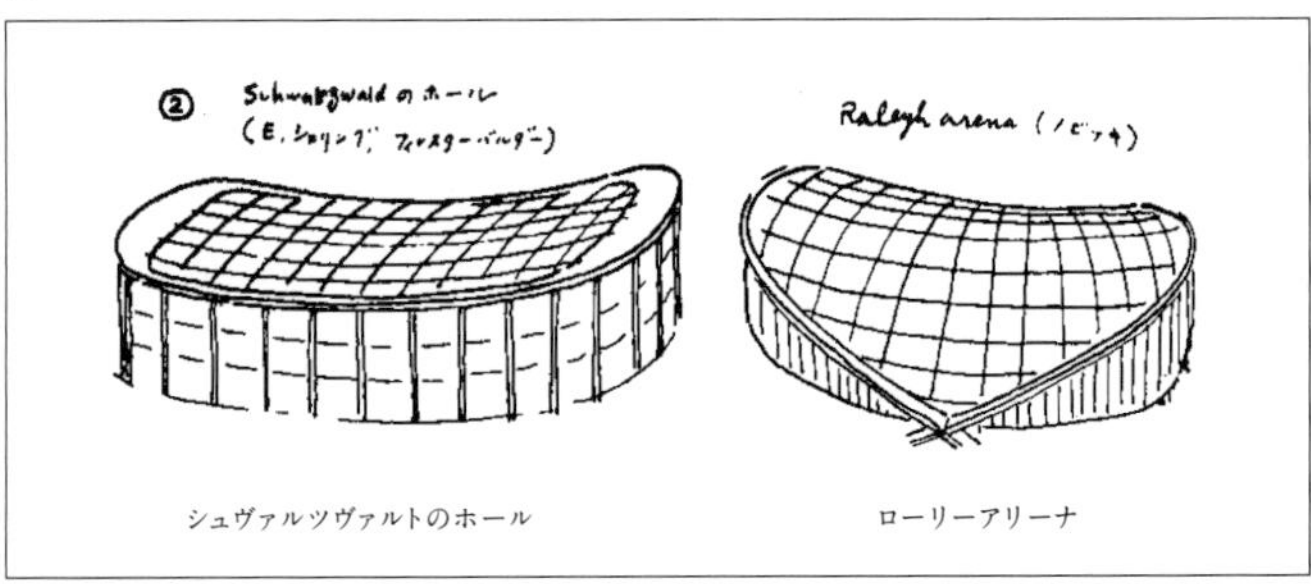

シュヴァルツヴァルトのホール　　ローリーアリーナ

④

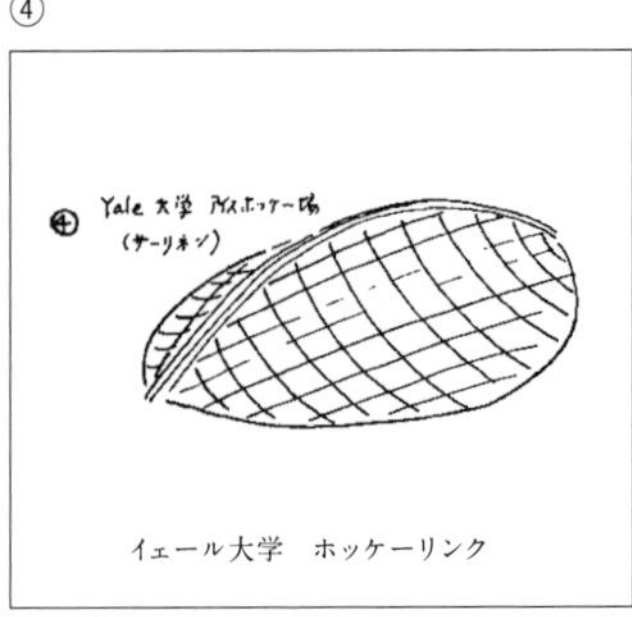

イェール大学　ホッケーリンク

③

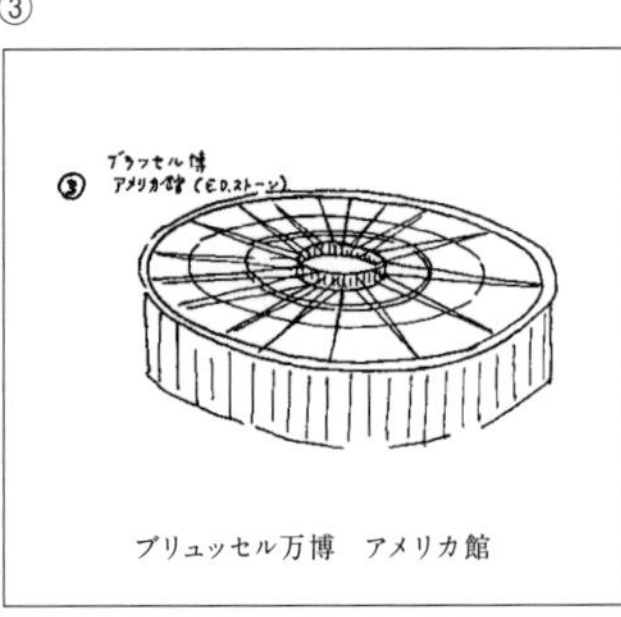

ブリュッセル万博　アメリカ館

⑤ 未だ実現のない屋根網形式

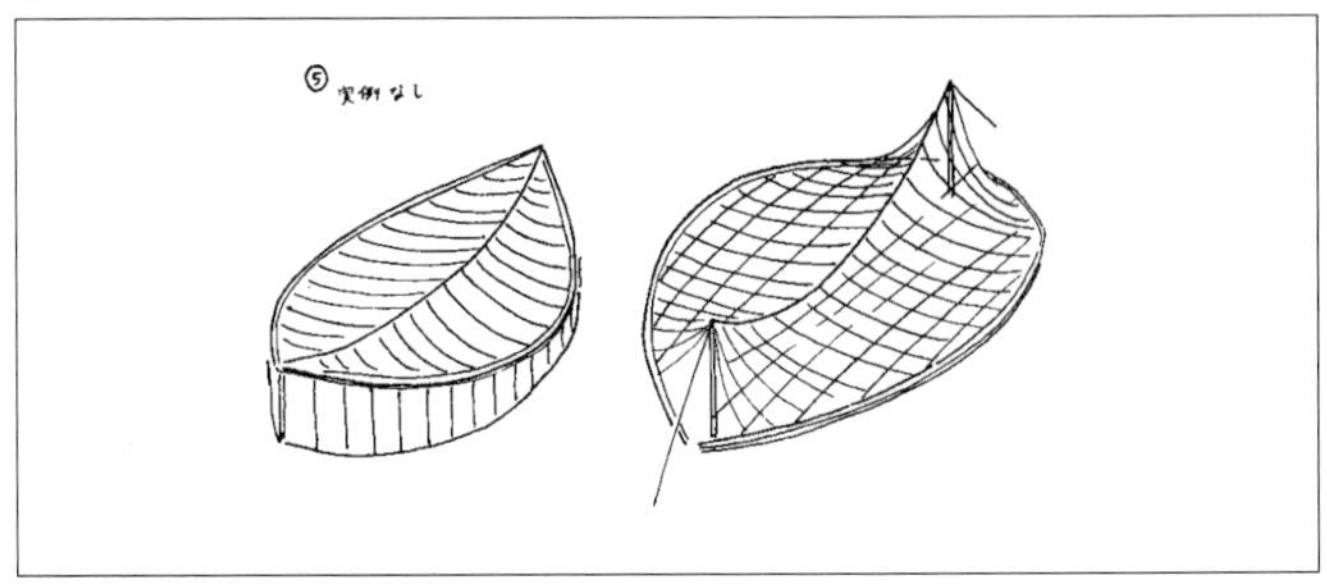

⑥ カンザスの工場案

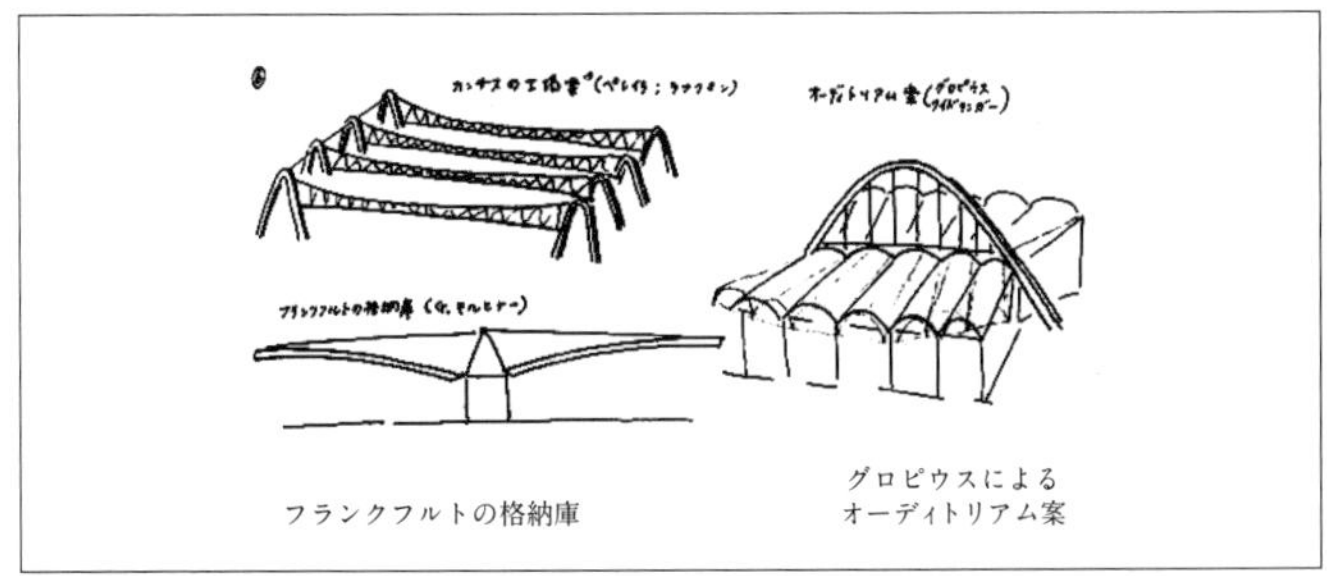

⑦ メルボルンのオリンピック競技場

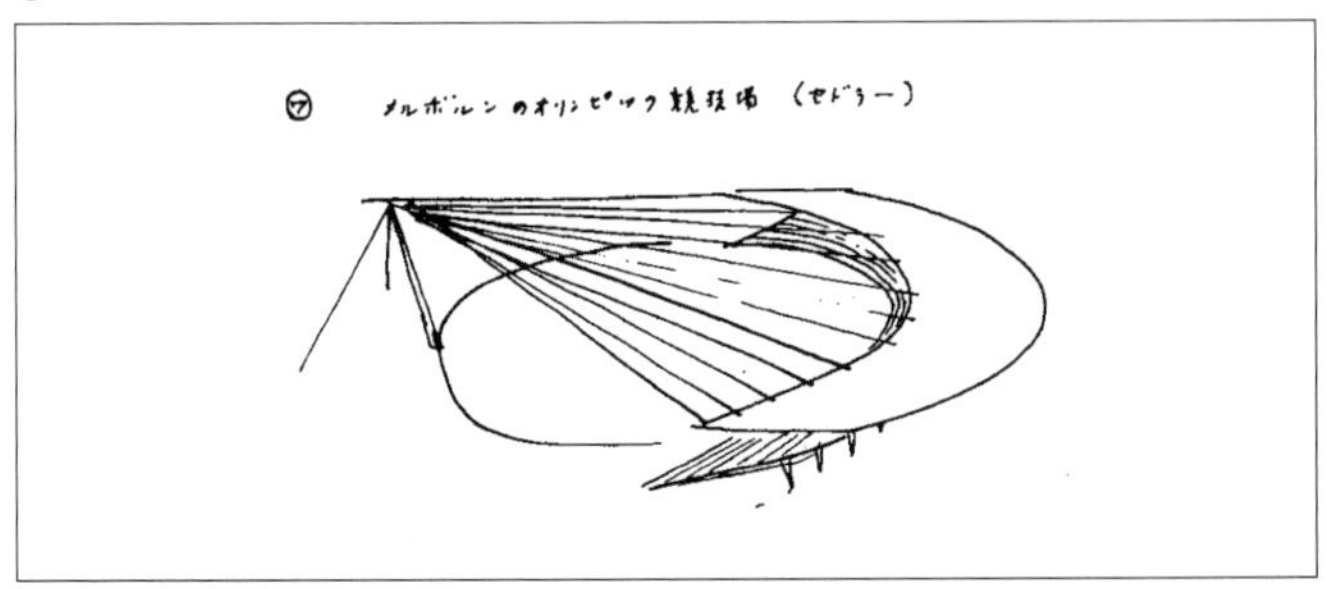

図4-10　吊り屋根形式

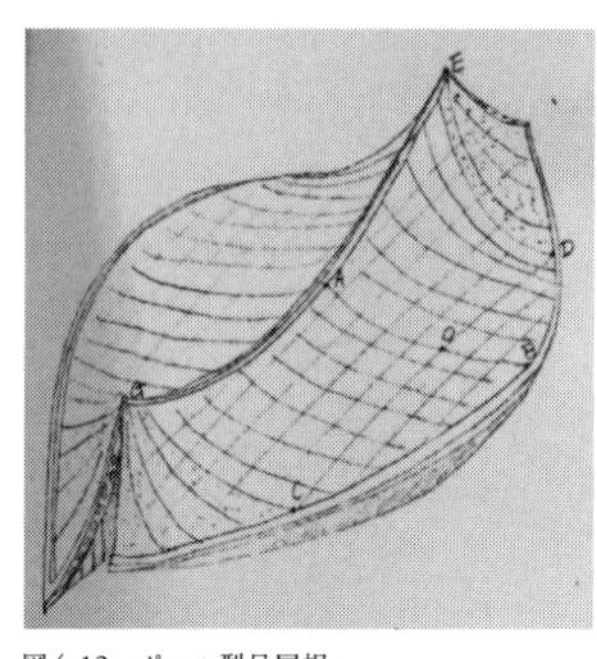
図4-12　ポール型吊屋根

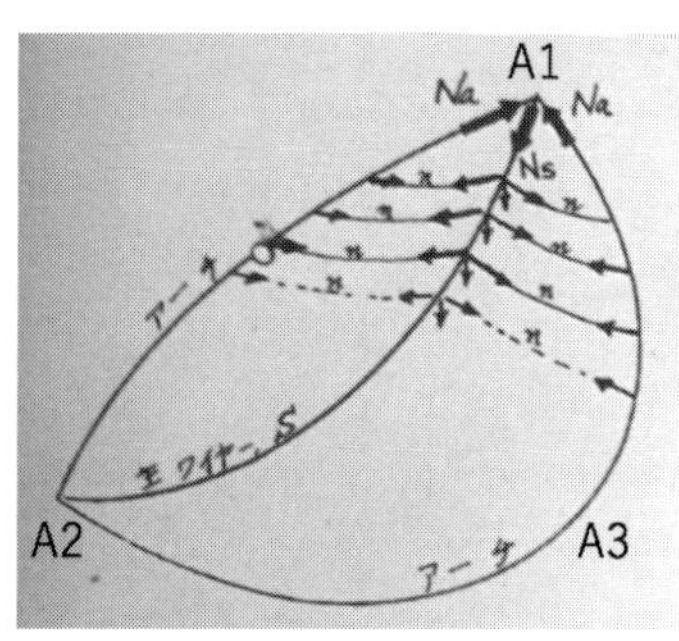

図4-11　木の葉型吊り屋根

次いで、後者のポール型吊屋根（図4-12）では2本のポールをたてて、これに吊橋と同じような要領でメインワイヤー（尾根綱）を張り、このメインワイヤーから両側のスタンドに向かって多数のサブワイヤー（小綱）を張り渡して、屋根面を構成しようとする案である。シェルなどと異なり、吊り屋根においてはその曲面が境界・荷重・綱の緊張力によって力学的に定まってくるので、任意の曲面をつくることは一般に不可能であり、最初から、力学的に無理のない形状を与えるようにしなければならない。特に、尾根綱形式では、メインワイヤー（尾根綱）が一種の境界の役目をなしているが、例えば、サブワイヤー（小綱）の緊張力を変えると、メインワイヤー（尾根綱）の形状が変り、これが他のサブワイヤー（小綱）

の緊張力に影響を与えるので、その曲面の決定には慎重を要した。坪井はポール型吊り屋根について、力学上に一応筋の通る曲面を用いて、デザイナーのもっているイメージに近いものをつくることができ、各部の応力が設計可能の範囲内にあるという点で、今回の設計に対して適性がある、と評価している。ただ、吊屋根そのものの歴史が浅いために、解析上、技術上の新しい問題、工期の問題もあるが、これらを検討の上、設計を進めていく価値は十分あると付言している。

第3の設備設計説明書について、給排水衛生設備、プール濾過・加湿設備、スケートリンク設備、暖房・換気・空調調和設備、電気設備、照明設備、動力設備の項目に整理されている。プール濾過・加湿設備では、競泳プール、飛び込みプール、練習プールでそれぞれ約3.5時間、13.5時間、3.5時間に一度の割合で水を循環することが謳われている。次いで暖房・換気・空調調和設備では、冷暖房を行うのが事務室・役員室・貴賓室などに限り、観客席は機械換気と温風暖房のみ、選手控え室は放熱器による直接暖房を想定している。そもそも吊り屋根構造による鞍型曲面はドーム状の体育館に比して空調設備の負荷を低減し、反響処理の点でも有利な形状であった。一方で、予算の都合上、観客席に冷房を盛り込めなかったものと考えられる。

第4の工費概算書について、建設工事費、電気設備費、競技関連設備費、工事事務所新設費、敷地工事および調査費に項目立てされている。この「屋内総合競技場基本設計説明書」では工事費総額が22億円と見積もられているが、同封資料（「屋内総合競技場基本設計の経過と要望」（1962・

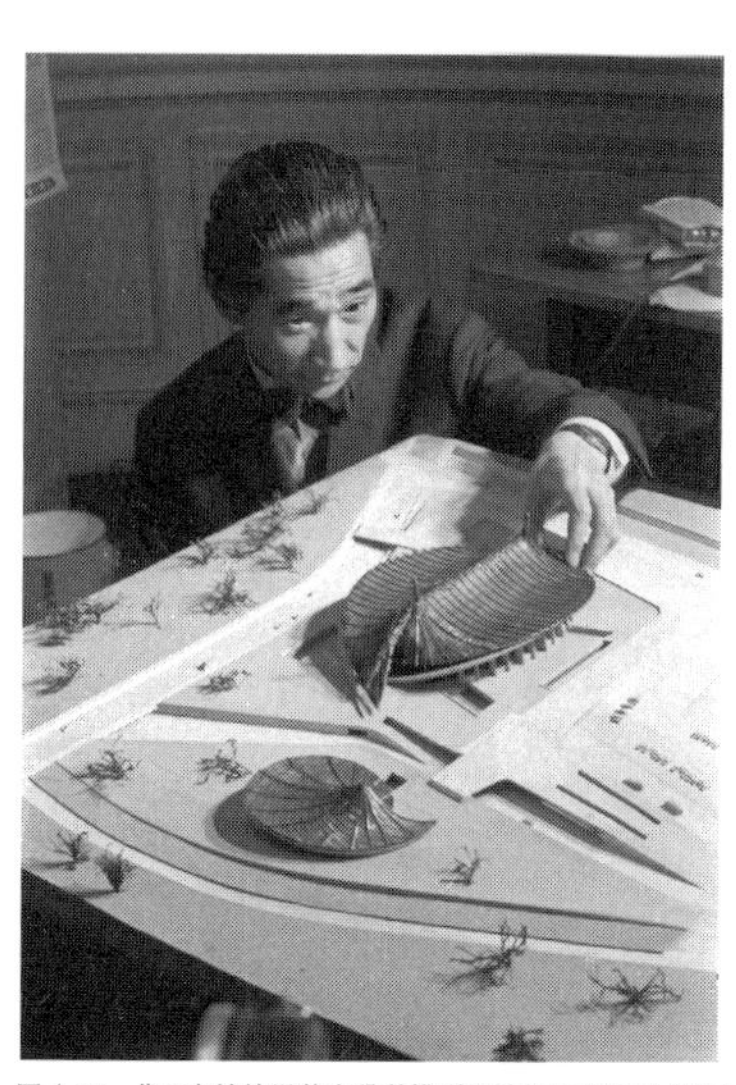

図4-13　代々木競技場基本設計模型を触る丹下健三（1962.5.11）

5・8））には「田畑：15、000－12、000、丹下：予算の結果縮小、深谷：一人の巾座席縦90㎝、横42㎝、東京都：住宅地域ですから20m以上の建物はいけない、前もって相談する必要がある」とメモ書きが残されており、水泳競技場の予算縮減と座席サイズを踏まえ、収容人数を削減したことがうかがえる。

この基本設計案は1962年5月11日にマスコミ発表された（図4－13）。

（3）実施設計

1962年10月5日、坪井研究室は「国立屋内総合競技場の構造計算書その1」をまとめている。これは実施設計が終了した直後に書かれているため、建設省に納品された実

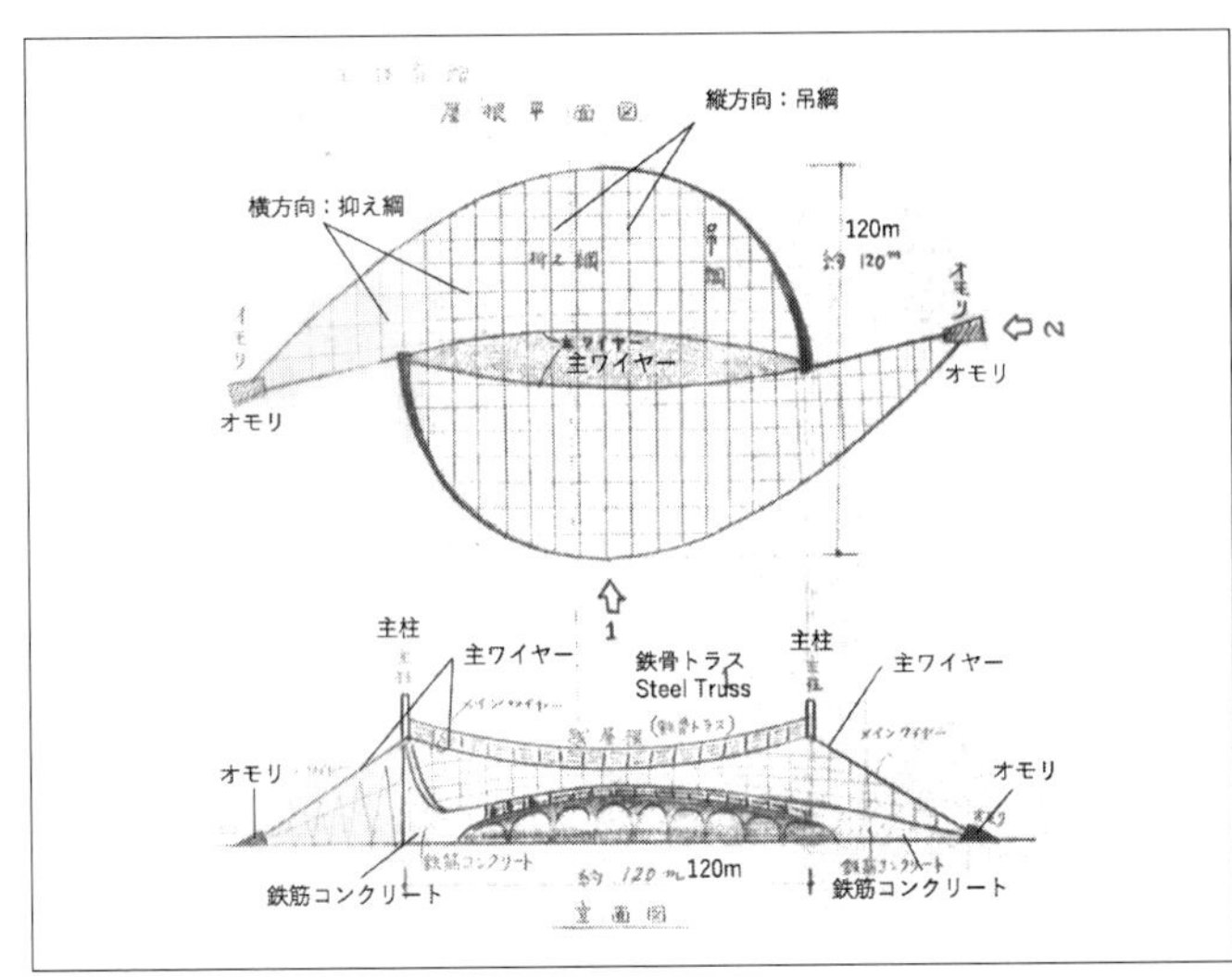

図4-14　実施設計　第一体育館屋根平面図·立面図

施設計の内容を踏襲しているものと考えられる。この中で、第一体育館は２本の鉄筋コンクリート製メインポールを１２０ｍの間隔をおいて建て、これにメインワイヤーを吊橋のごとく張り渡している（図４-14）。このメインワイヤーからＲＣ造スタンド部分に吊綱を渡し、これと直交して抑え綱を張って尾根曲面を構成したもので、この網目上に鉄板を載せることで屋根面を形成している。また、基本設計時に１本だったメインワイヤーは２本となった。これに鉄骨トラスを組んで越屋根を形成し、曲げ剛性をもたせるとともに、屋根葺き材料としての鉄板自身にも補強リブ（丈の高いＩ型梁）をつけることで、風や雪といった変動荷重に対して抵抗し得るだけの曲げ剛性をもたせた。特に中央近傍の曲率が非常に小さい部分は抑えワイヤーの効果が小さいため、この近辺では補強リブの成も連続的に多くする、と記されている。[10]

しかし、この案は具体的な施工方法まで検討されていなかった。そもそも三次元的にうねるRC造スタンド部（外周部）とメインワイヤーを境界条件とするピンと張った屋根面（吊綱と抑え綱の交点が互いに逆曲率で、相互に張力をおよぼし合う曲面）[11]は理論上存在する。しかし、3種のケーブル（綱）だけでそれを実現しようとすると抑え綱の一部に過度な張力をかける必要が生じ、その施工は至難の技であった。一方で、実施設計終了段階では、吊綱と抑え綱からなるケーブルネットで屋根面を構成し、風、雪、地震などによる不均等荷重に対応すべく、吊綱に沿って補強リブを取り付けることを想定していたため、施工上の不安を抱えたまま工事が始まったのである。そこで川口はセミリジット屋根構造と呼ばれる巧妙な案を工事着工後に提示し、坪井が了承している。[12]

一方の第二体育館は、1本のメインポールの頂部より渦巻型に延びたRC造スタンド部の最端部へ向かって母綱を垂らし、この母綱よりスタンド上部へ向かって放射状に鉄骨トラス（成600㎜）を吊り下げた。[13]吊り鉄骨トラス構造は引張材としての働きの他に変動荷重に抵抗する曲げ剛性も兼ね備えている。なお屋根は第一体育館と同じく鉄板葺きとした[14]（図4-15）。

実施設計時の第一体育館の平面計画は基本設計時と同じくふたつの三日月を互いにずらして組

図4-15　第二体育館実施設計模型を眺める丹下健三（1964.1）

み合わせた開放的構成を採用し、第二体育館がこれに呼応するように配置されている（図4-16、17）。これは、大群衆の動線を円滑に処理するためであり、原宿口・渋谷口からのアプローチを重視した配置となっている。また基本設計から大幅に変化した箇所として、敷地の高低差を活用して東西に伸びる事務棟「道空間」[15]（図4-16、17中の上下を貫くデッキ、プロムナード）によって両体育館を結合している点が挙げられる。

空調設備を担当した井上は、大空間を空調する方式として3つの例を挙げている。1つ目は地階に空調室を設け、そこから大型ダクトを立ち上げ天井裏を介して空調する方式である。2つ目は数台の露出型空調器を天井から吊るす方式であるが、デザイン的には問題

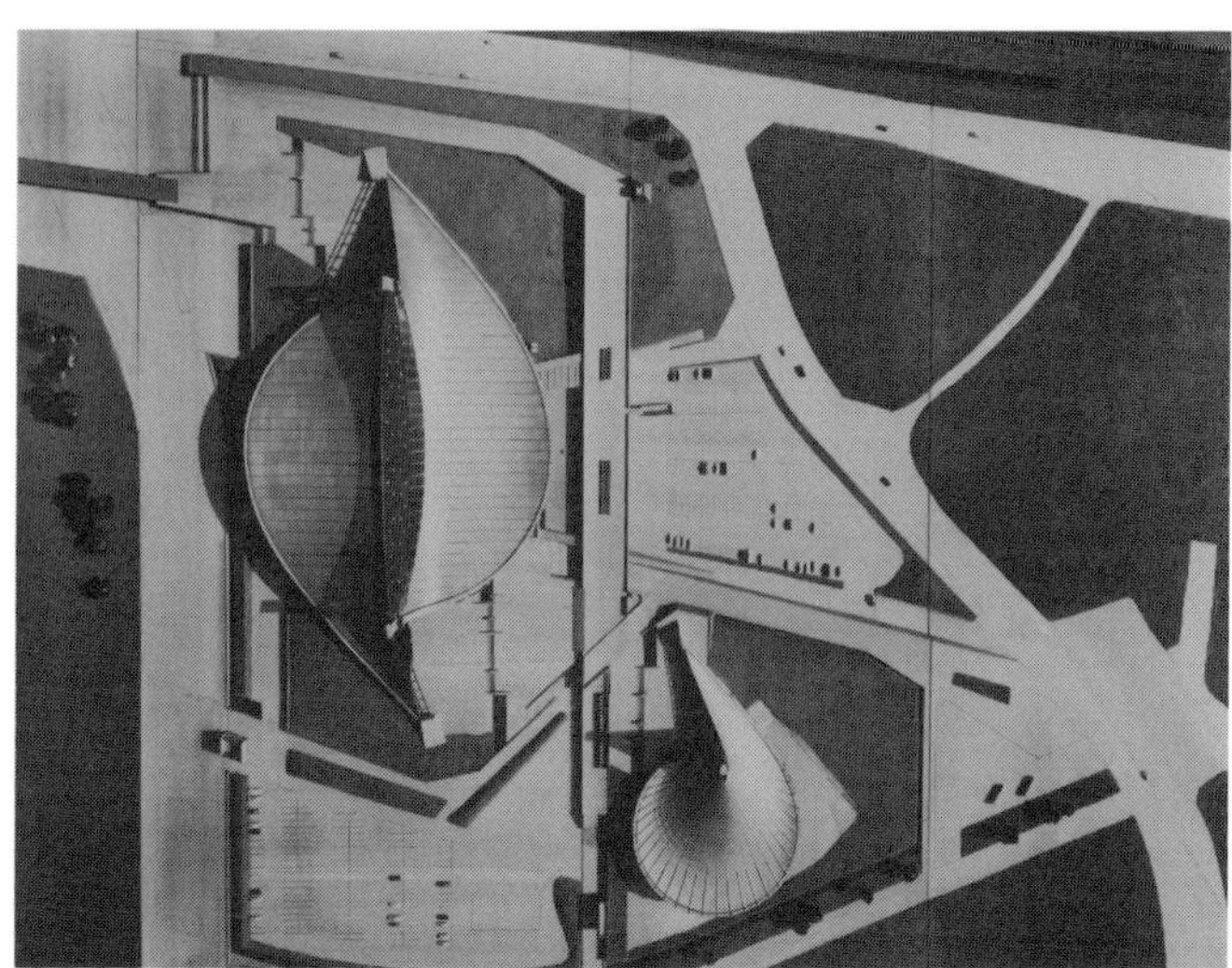

図4-16　実施設計終了時の模型写真　01

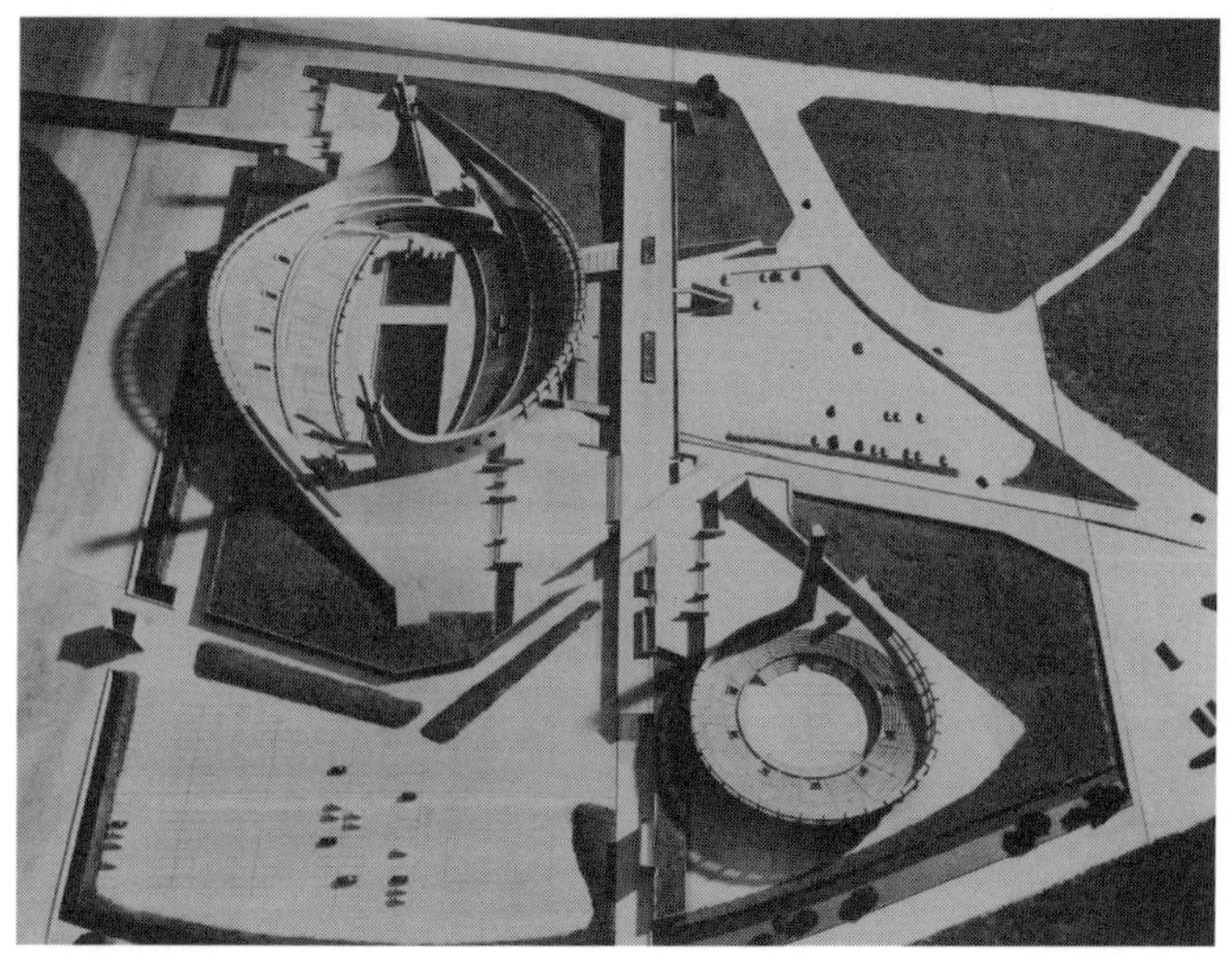

図4-17　実施設計終了時の模型写真　02

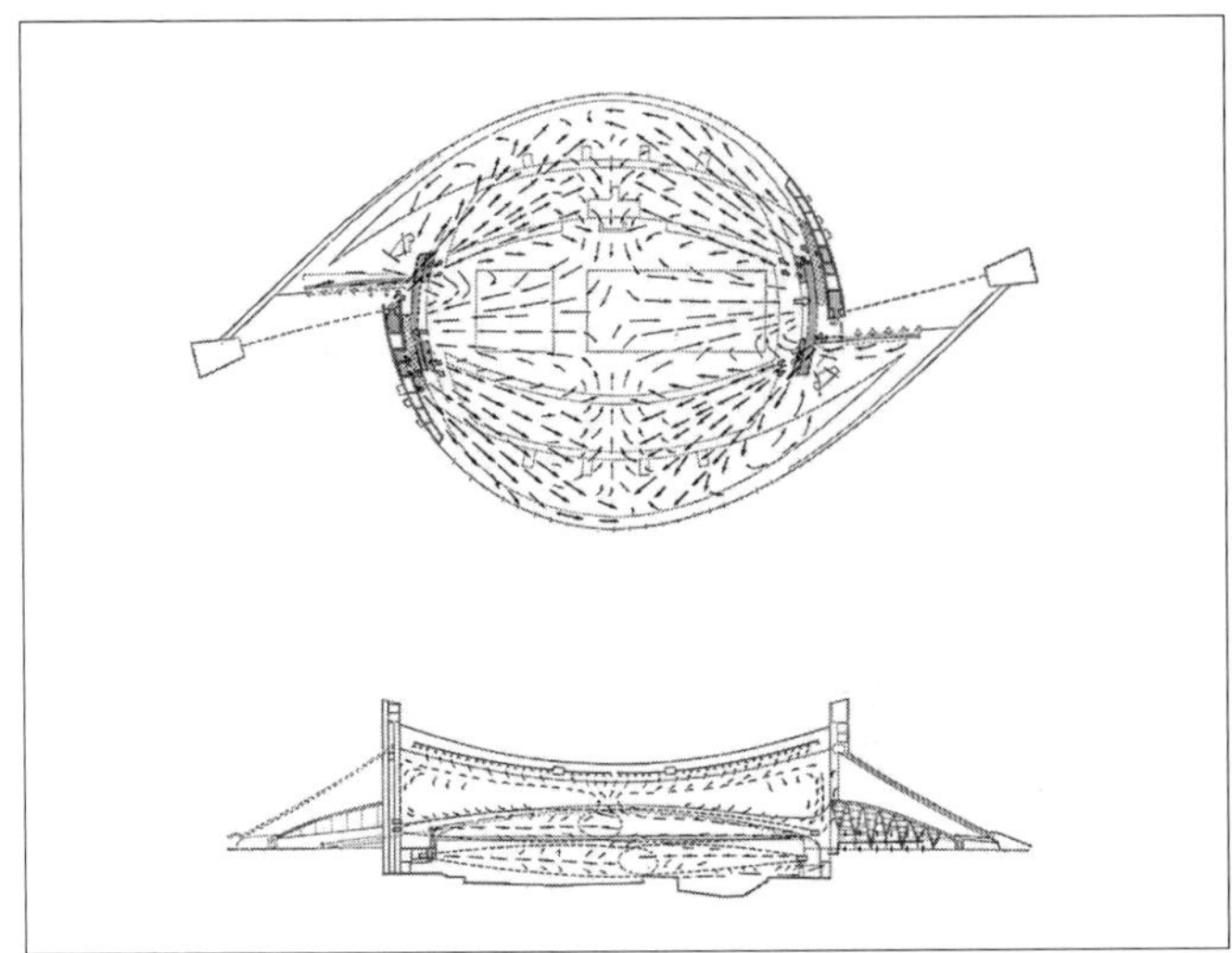

図4-18　第一体育館　空調循環平面図・断面図

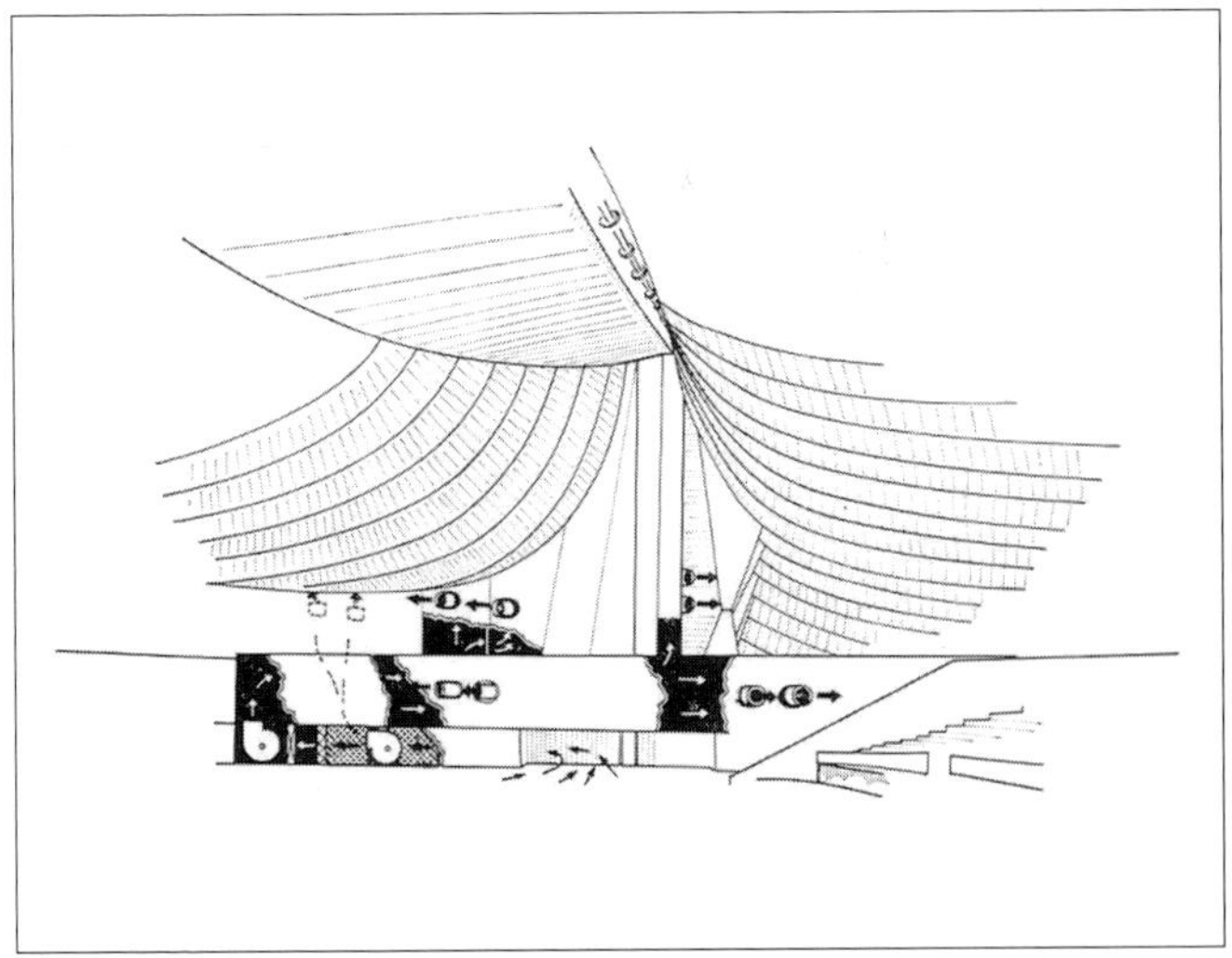

図4-19　第一体育館　ノズルの位置

が多い方式である。3つ目は天井裏に大型空調機を仕込む方式である。しかし、これらはいずれも振動・騒音が発生する恐れがあり、不採用となった。この結果、大型ノズルを第一体育館の側壁に16台仕込み、14,000人の観客に対して毎時50万㎥の送風する計画を立てた。この方式の長所は、天井に空調機やダクトが不要で、メンテも容易であり、振動・騒音の問題を回避できる点が挙げられる。ただし、前例に乏しく、井上らは大型模型を用いて実験を繰り返し、実現に導いた[16]（図4-18、19）。

4-2 国立代々木競技場の建設プロセス

(1) 現場監理の5つの関門

建設省職員として国立代々木競技場の現場監理を担当した根岸嘉市は、第一体育館の工程を左右する関門を5つ（2本のメインケーブルの張り渡し終了時期、スタンド端部を支える三角支柱の取り外し時期、屋根鉄板の施工終了時期、天井の足場外し時期、外構工事[17]）を挙げている。

第1の関門は、前人未到の吊り屋根を実現する際にどのようなトラブルが発生するかまったくの手探りであったことである（図4-20）。第2の関門は、メインケーブルと片持ち梁状のスタンド端部を結ぶべく4.5m間隔で吊り材（鉄骨梁）が取り付けられ、RC造のスタンドを持ち上げる

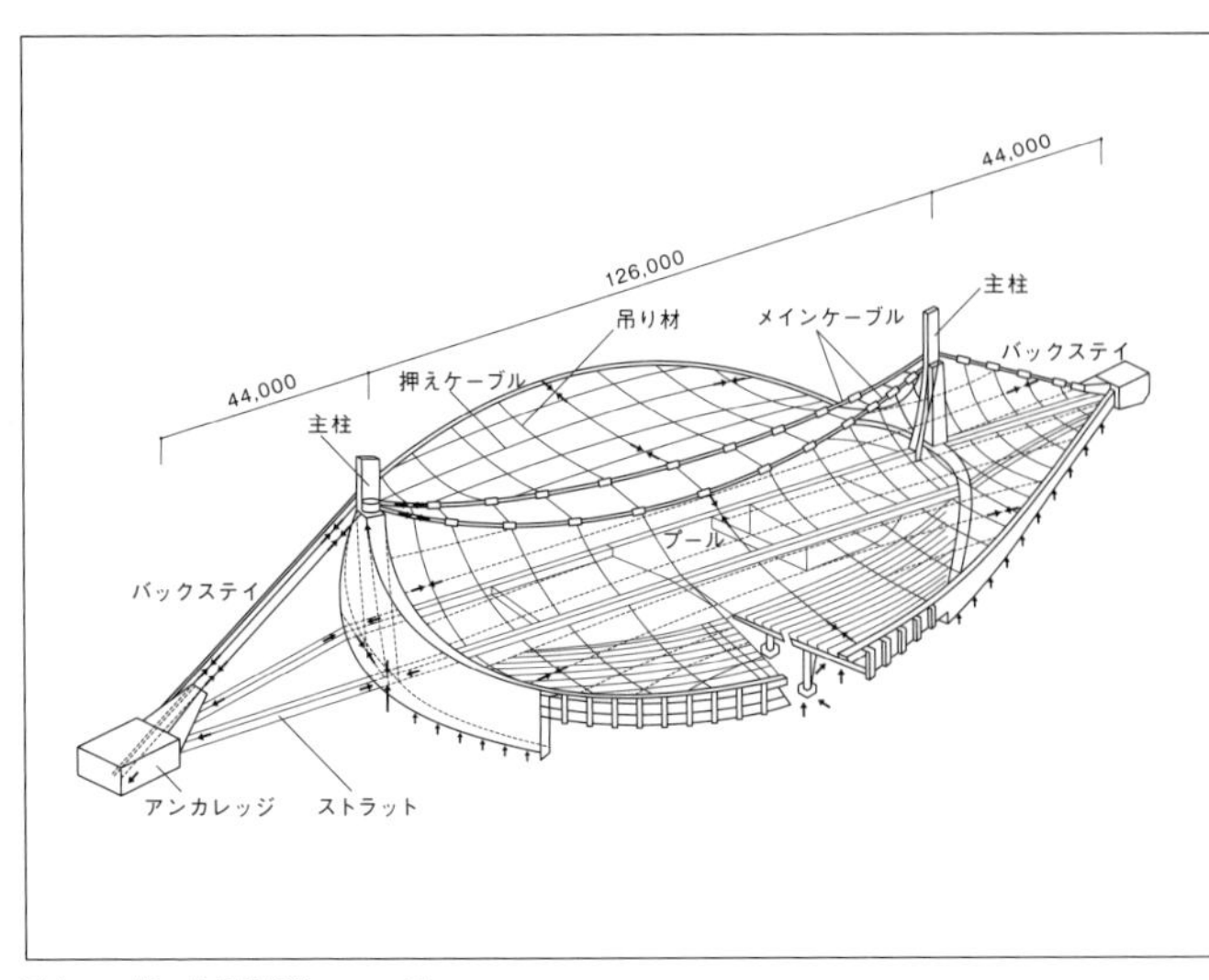

図4-20　第一体育館構造システム図

が、その間スタンド端部を支えるのが三角支柱で、この支柱が撤去されないと外周のアルミ製建具を取付けられないことである。第3の関門は複雑な曲面からなる屋根面が張れないと、同様に複雑な天井面の施工が始められないことである。第4の関門は屋根面の施工には屋内に高さ30mを越える足場を要し、これを撤去しないとプールの施工が始められない。第5の関門は外構工事が雨期と重なり、関東ローム層を使った盛土にどれほどの時間を要するか計算しづらかったことである。

(2) 墨出し(1963年2月)と基礎工事(同年3~7月)

第一体育館の基礎付けるジオメトリーは円とサインカーブの組み合わせによって定まる。

特に柱位置が曲線と直線の交点から求められるため、電子計算機を用いて一週間の時間をかけ墨出しが行われた。[18] 現場では一桝9mの方眼状の基点から角度、距離を求め、測定にはリバーストンスチールテープ（長さ50m、目盛り1㎜、温度補正数値付き）で、測量時に10kgで引いた。施工現場で重要なものの長さは常にこのテープ合わせをしたスチールテープで測定された。

競技場の基礎支持方法にはH型鋼杭、ペデスタル杭、独立基礎の3種類が用意された。H杭は2本の主柱、スタンドを受ける注脚ヒンジの柱の基礎など、大きな荷重のかかる箇所に用いられる。H杭は全長22〜24.3m、2本つなぎとし、耐用年限は100年（すなわち100年経過した時に杭耐力が設計値まで下がる）と見込まれている。1本の主柱の下に47本のH杭が打たれ、第一体育館に425本用いられている。

次いでペデスタル杭は主に下段スタンドやロビーなどの柱の基礎に用い、全長は16〜29m、第一体育館で514本用いられた。独立基礎は主要構造部分から突出した部分と附属棟の平屋部分のみに用いられ、エクスパンションで区切られる。ただし、ボーリング試験結果を見る限り問題はなかったが、竣工後に関東ローム層の圧縮力が多かったため、一部に沈下が発生したと考えられる。[19]

（3）コンクリート工事（1963年7月〜1964年3月）

工程の第二関門で触れたとおり、第一体育館のスタンド端部は鋼製三角支柱で支えられ、それ以外の箇所はパイプ枠足場で支えることとした（図4-21〜24）。この三角支柱は1カ所で約49tを支えることになり、長期間にわたって大きな荷重がかかり続けるため、支柱を受けるコンクリートスラブや盛土について事前に荷重耐力を計算し、転圧などを行って慎重を期して計画した。またコマ柱からピアノ線を下げ、沈下量を常時測定した。[20]

型枠は第一体育館のスタンド部仕上げの大半が打放しで、複雑な曲面を有するため、さまざまな材料を用いて仕上がりと工費を検討した。特に2種類以上の材料を用いないことを重視し、ベニヤ（下地厚12㎜＋合板厚3㎜）を用いることとしたが、下地板がやや薄く、施行中の狂いも発生しがちであった。合板の種類についてもシナ、ブナ、ラワンなどを検討し、結果として普通ベニヤの上にストロン樹脂膜を貼った合板を用いることとした。

スタンドの足下は三次元的なアーチ曲面で構成され、平面が点対称で形がすべて異なるため、図面には全部表現しきれず、アーチの一部について予め実物大の型枠組み立てを行い、設計者と打ち合わせを重ねた。

型枠の建て入れ精度は、柱打放し1／1000、塗りもの2／1000を標準とした。型枠の安全性で最も心配であったのは、スタンドが傾斜しているので、コンクリート打込み時に斜め下に流れ落ちる力が生じて、型枠に水平方向の力が生じるかもしれないということであった。この力がいくらになるか皆目見当がつかず、足場には十分筋違いをつけて万全を期した。[6]

図4-21　地階コンクリート打設

図4-22　1階スタンド型枠コンクリート打設

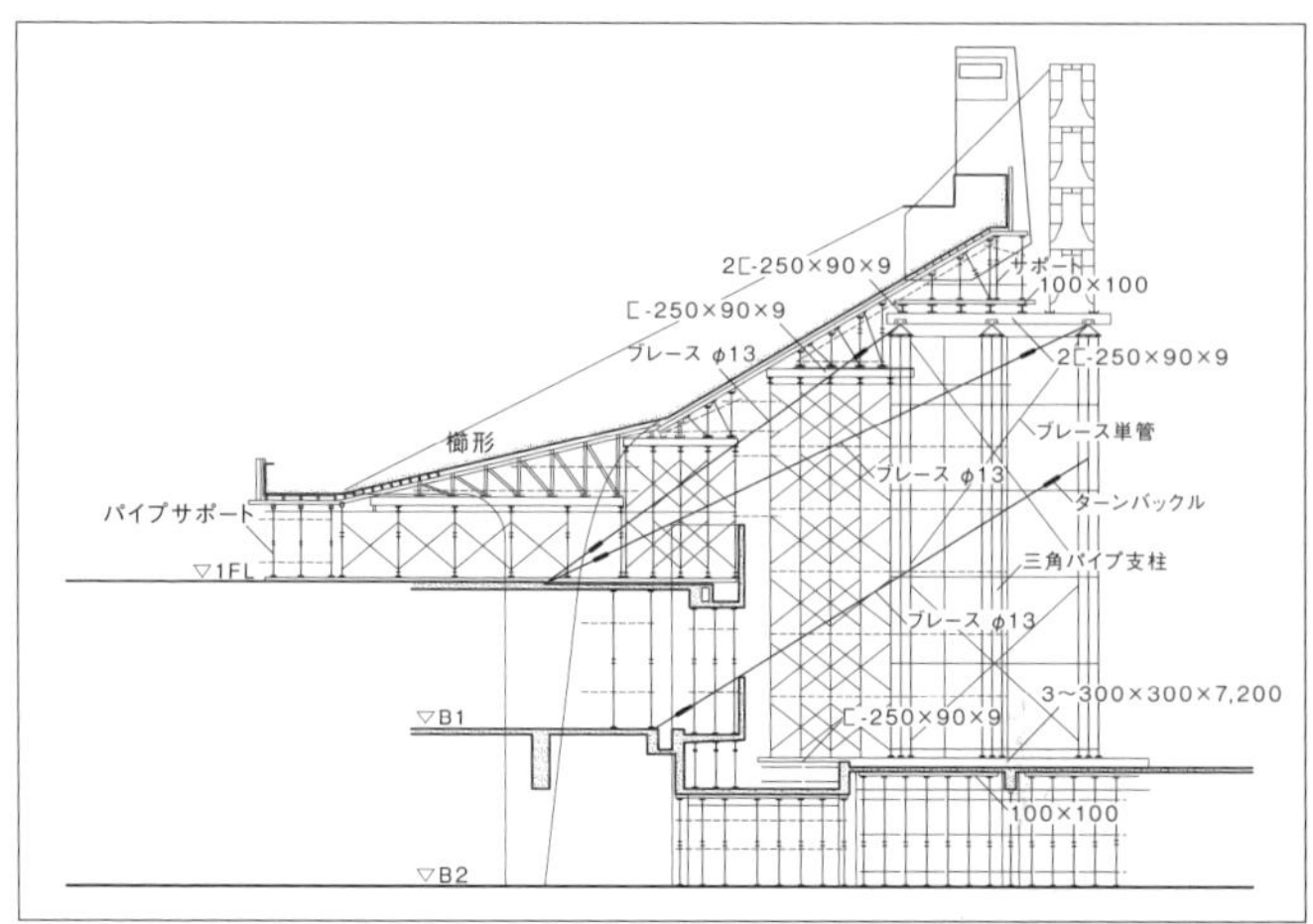

図4-23　第一体育館スタンド支保工

図4-24　第一体育館スタンド施工風景

（4）吊り屋根パーツの準備

第一体育館に用いられるワイヤーロープにはメインケーブルと押えロープとがある。これらを構成する素線はＪＩＳ Ｇ ３５０２−１９６０ピアノ線材規格1種甲（ＳＷＲＳＩＡ）相当の線材が用いられた。[22] またロープのひねり方については第一体育館では静的に使用し擦り減るということがないため、ラングひねりが用いられた。これは柔軟性や屈曲疲労に優れ、鉱山や索道の主索に用いられるひねり方であった。

長さ約２８０ｍのメインケーブルはＡロープ31本、Ｂロープ6本から構成され、公称径52φのＡロープは１２７本のワイヤーを撚っており、公称径34.5φのＢロープは61本のワイヤーを撚ったものである。押さえロープは公称径44φで91本のワイヤーを撚っている。これらのワイヤーロープは撚り戻りがあるため保証破断力の半分前後の荷重で2時間プレテンションをかけた後、設計荷重の張力をかけロープの長さを測ることとした。これにより、ロープの弾性係数を向上させ、ロープの癖を取り除くことができた。一方でロープの長さは気温・直射日光の具合で伸縮するため、太陽熱の影響の少ない早朝か曇、雨の日を選んで行われた。[23]

鋳鉄は第一体育館の吊り屋根を実現する上で重要な役割を果たし、構造を担当した坪井、川口らによってメインケーブルや吊り鉄骨梁の複雑な挙動に即応する発明的ディテールがいくつも生み出された。それらの中でも特に回転サドルと球形バンドの開発は特筆に値する。前者は主柱の上に据えられ、メインケーブルの懸け渡しから屋根面・天井面の施工に至る過程で、温度変化、荷重の増加、横開きするたびにケーブルが動き、撓み、捻れるが、メインケーブルが主柱上で滑らかに動く仕組みとなっている（図4-25〜26）。後者は吊り鉄骨梁のメインケーブルがピン接合されるための部材で、屋根面の荷重の変化、温度変化、強風時によるロープの変化のために吊り鉄骨梁端部にモーメントが生じないように、球形のユニバーサルジョイントを設置し、どの方向へも回転するようにした[24]（図4-27）。

鋳物はさまざまな形状の鉄製品をつくれる半面、制作過程で「す」（空気孔）が発生するため、第一体育館で用いる鋳物製品に対して厳しい検査（鋳肌状況、ダイチェック検査（染色法）、磁気探傷検査、超音波検査法、穿孔試験）が行われた。ただサドルの円錐形はくびれをもつ複雑な形のため、完全な検査はできなかったものの、十分耐え得るものと判定された。なお、サドルの摩擦を軽減するための潤滑油として二硫化モリブデンが用いられた。

また、第一体育館の風による影響を検討するため、風洞実験を行ったが、風荷重がかかった際に屋根面が吹き上げられ上下動することが確認された。予想された変形はスパンの1／1300〜1／650くらいで大きいものではないが、暴風に対しても十分な安全性を考慮し、減衰させるための防振ダンパーを計画し、主柱からメインロープをつかみ越屋根内におさめている。しかし、当時防振ダンパーを実装した建物は極めて稀で、根岸にとってもまったく未経験の装置であった。

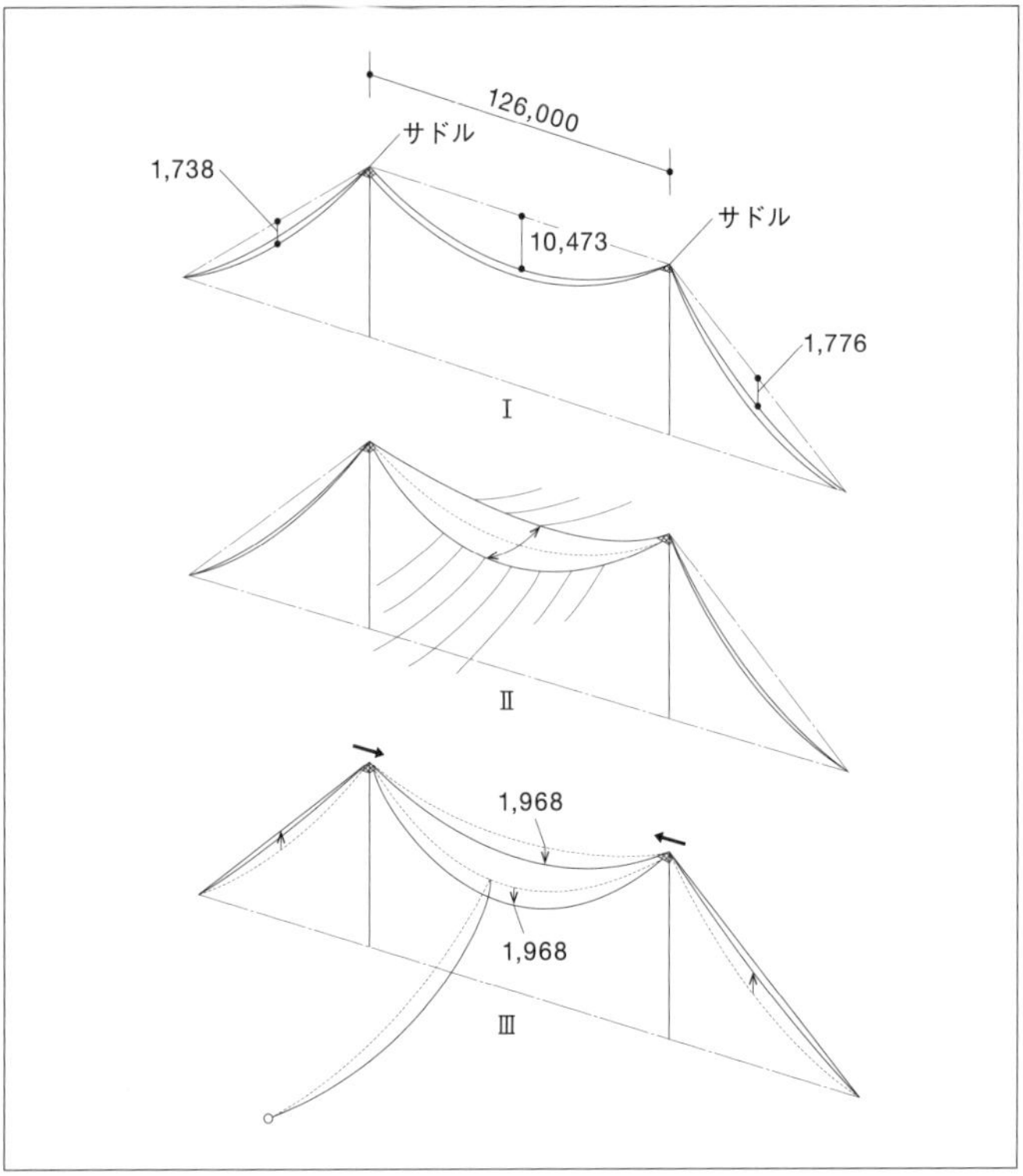

図4-25　メインケーブルの施工中の変形

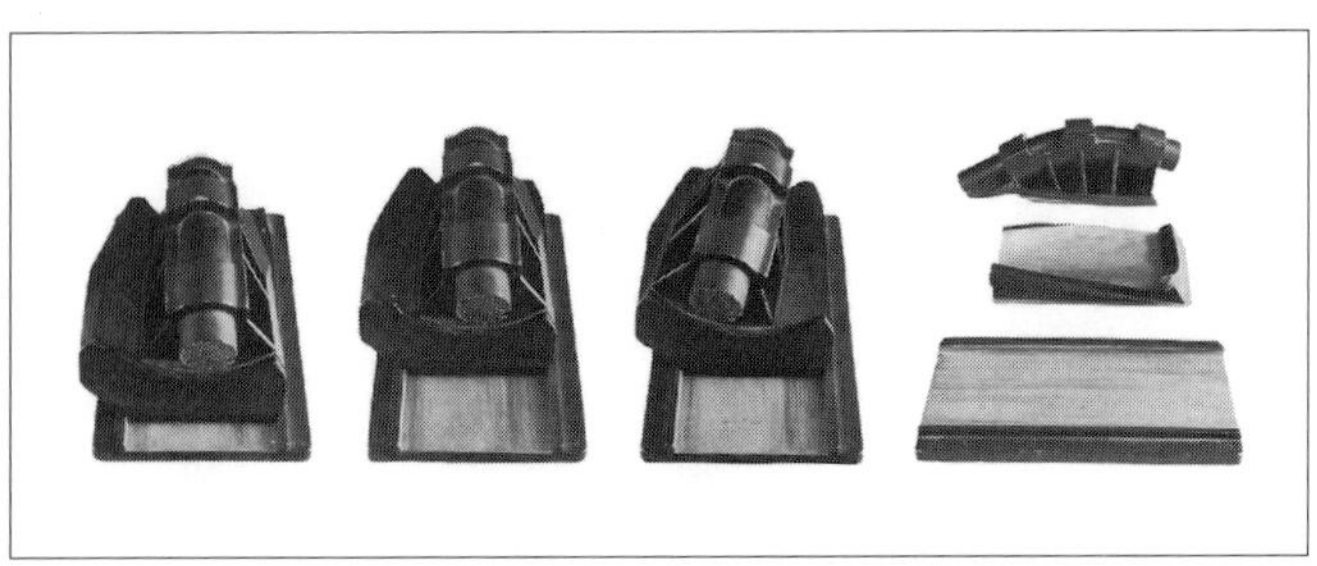

図4-26　メインケーブルの変形に追従する回転サドル（主柱の上）

図4-27　メインケーブルを束ねる球形バンド

（5）ロープの架け渡し（1963年12月10日～1964年1月10日）

主柱のコンクリート打ちが終了する前に、回転サドル（図4-26）下の鉄骨が設置された。これにより実質上メインケーブルの位置が決まるため、正確に行われた。また、ロープの架け渡しが以下の手順で行われた。①主柱上に11mの門型タワーを建て、これにキャリヤー用のロープをかける。②原宿側アンカーブロック（メインケーブルの端を地面につなぐ箇所）位置にロープリールを置き、これからウィンチで原宿側主柱上まで引き出す。③主柱上でキャリヤーにもり替えて主柱間に渡す。渋谷側メインポール上で再びもり替え、ウィンチで渋谷側アンカーブロックへ引き下ろす。④メインポールの両端ソケットを原宿側および渋谷側アンカーブロックにセットし、シム（馬蹄形のプレート）でロープ長さの調整を行う。[25]

ロープの位置（長さ）は20℃無張力時の中央とバックステーのサグ（垂れ下がり量）によって決められていた。しかし、日中や日没直後では輻射熱や気温によりロープ自身の温度を内部まで測定できず、その影響が最も少ない真夜中、風のほとんどない時に行った。特に最初のロープの位置によってすべてが決まるため、2、3日かけて決められた。

最初の1本が決まると、その次からは最下段として上に円形に重ねていき、日中1段以内を3～4本張って夜中に調整した。複数の張られたロープに対しては、原則として「つかずはなれず」張ることを合い言葉としたが、ロープが多くなって4段以上になってくると、今まで夜中に調整しておいたロープが、曇りの日でさえも日中の輻射熱によってロープが温められる温度が異なるためかバラバラになり、上のロープが下のロープへ割り込んでくるような状態になる。それが夜になってロープ温度が一定になってくると揃ってきた（図4-28）。極寒の真夜中、地上30mの吊り足場の上での試行錯誤を経てなんとかAロープ、Bロープをすべて架け渡し、4.5m間隔の球形バンドと押えバンドで束ねていった。まずロープ中央（1／2）で束ね、1／4、1／8の箇所で束ねることで、ロープ相互の不具合を散らし、2本のメインケーブルを無事架け渡せた。

この後、スタンド端部のコマ柱附近に取付けたアンカーを用い、1本のメインケーブルについて21本のロープで同時に横引きして所定の位置、横開きした。この間に越屋根トラスを2本のメ

図4-28　メインケーブルの掛け渡し（主柱の上に据えられた門型タワー）

インケーブル間に取り付け、メインケーブルの大まかな形状を確定させた（図4-29〜31）。実際、この工事現場で最も危険な工程と思われたのが、越屋根トラスの取り付けであった。[26] このトラスはメインケーブル直下のプール内で組み立てられ、キャリヤーによって吊り上げられ、地面に垂直に立ち上げて、トラス両端と球形バンドをピン接合し、トラス間に母屋が架けられ、ようやく安定を得るが、極めて不安定な施工であった。

（6）吊綱から吊り鉄骨梁への変更と架設

先に触れたとおり、現場が始まった当時、屋根をメインケーブルに直角方向（サイドスパン）を支える構造体は吊綱（吊りロープ）であり、この吊綱の上に剛性をもたせるため

図4-29　21本のロープを用いたメインケーブルの横開きの準備

図4-30　メインケーブルを横開きし、越屋根を設置

図4-31　越屋根を設置しながら吊り鉄骨の取り付け準備

の補剛リブ（丈の高いI型梁）を乗せ、固定する計画であった。現場ではこのディテールに対して製作困難と指摘する声が大きかった。そもそも吊り屋根曲面とは吊り材と押え材が互いに逆曲率で、相互に張力をおよぼし合いながら、曲率の変化が連続的である曲面が望ましい。[27]第一体育館に与えられた特殊な境界条件（三次元的スタンドと天を突き刺す2本の主柱）に対して、理想的な吊り屋根曲面を吊網と押えロープだけでは形成できないことが実験的手法から明らかになっていた。ここで川口が吊網と補剛リブを兼ねた吊り鉄骨への置き換えを提案し、採択に至った。

またメインケーブルは越屋根が架設された後、屋根施工がすべて終わるまでに中央部で約2m垂れ下がることが予め構造計算ではじき出されていた（図4-25）。吊綱（吊りロープ）であればメインケーブルとスタンド端部は取り結ぶことができ、屋根の荷重が増えるにしたがって弾力的に変形できたが、吊り鉄骨梁は形がフィックスするため約24㎝長さが足りない事態が確認された。そこで梁中間部のモーメントがゼロになる部分をピン接合とすることとした（図4-32〜33）。これにより取り付け時にはカモメ型の曲線となってスタンドとメインケーブルを結び、屋根面が施工されるにつれ、1本の連続的な吊り屋根曲面に近づけることが可能になった。つまり、川口は完成時の屋根形状にリジットに沿う吊り鉄骨ではなく、施工途中の大きな変形を織り込んだ屋根構造（セミリジット屋根構造）を提案したのである。

次に押さえロープを吊り鉄骨梁に貫通させる部分は、梁丈の中央に円孔を開けロープを通すこととした（図4-34）。押えロープが梁と直行方向に通じているので、押えロープがロープ長さ方向に自由に動いては梁を横方向に引っ張ることになり、梁に横曲げが起こってしまう。このため、クランプと称する器具で取り付け、梁と直角の面で自由に回転させた。

ここで吊り鉄骨材の製作に触れると、この梁は最長で50mもあり、工場で2〜7本のパーツに分割して製作された。これを現場に搬入し、クライミングクレーンで吊り上げ、パイプ足場の上でジョイントし、ジョイント部の厳密な検査の後、溶接した。その際、梁長さの製作誤差が吊り梁のサグに大きく作用し、隣同士のサグが大きく違うと屋根鉄板が滑らかな曲線が得られない、と危惧

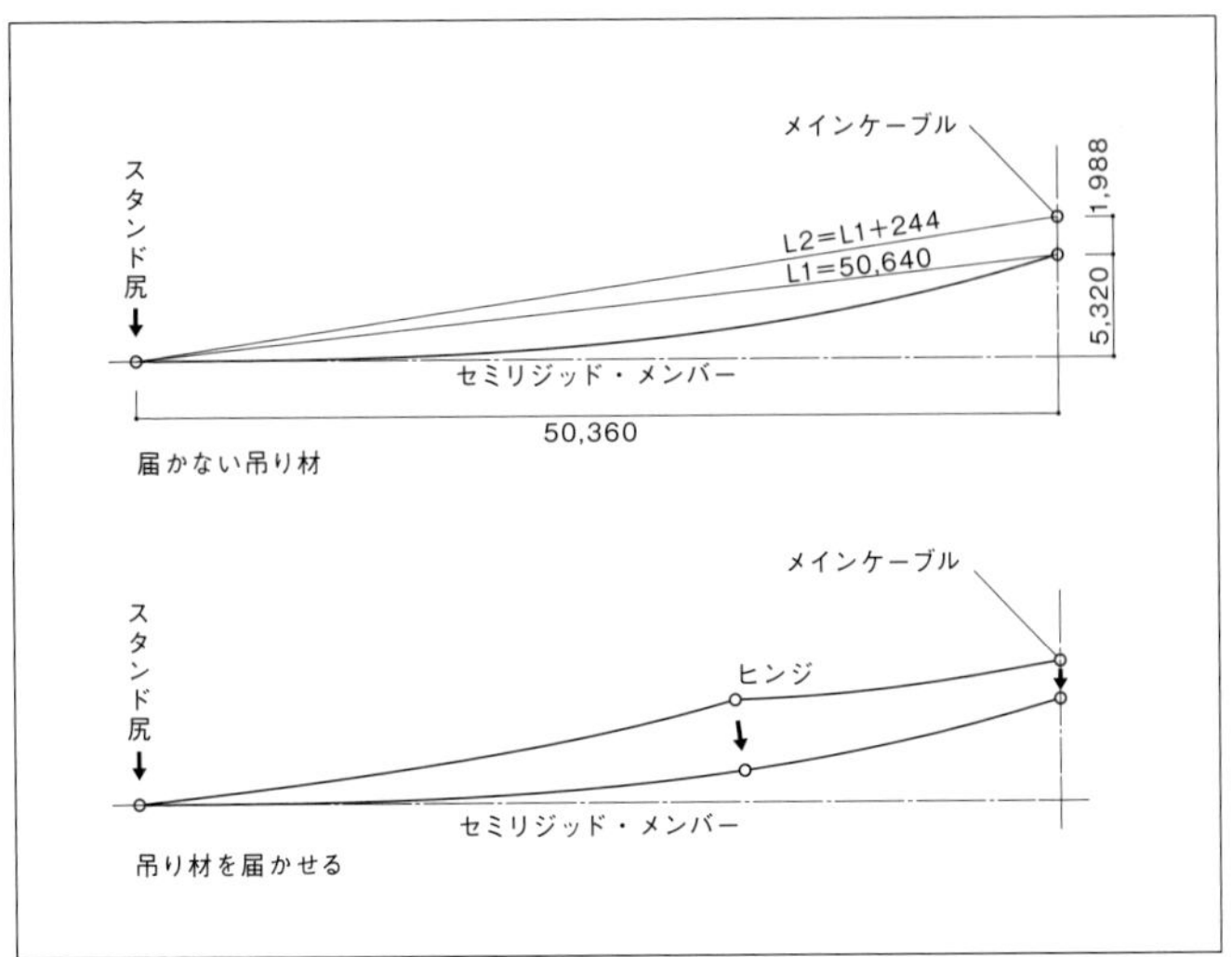

図4-32　吊り材のヒンジの有無で、メインケーブルの変形に追従

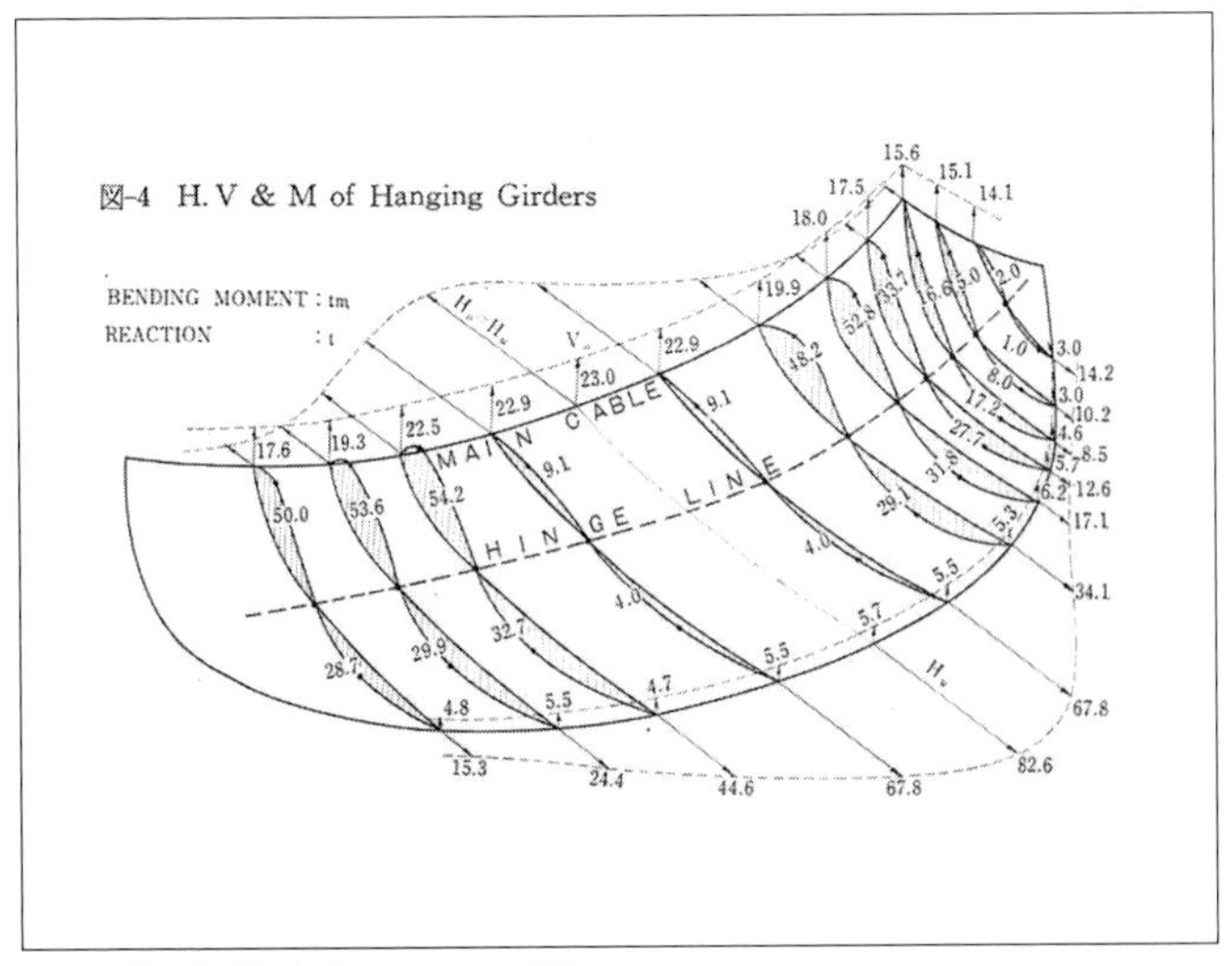

図4-33　第一体育館屋根面にかかるモーメント図

図4-34　メインケーブルと吊り鉄骨の接続　吊り鉄骨に開いた丸い穴に押さえロープが張られてゆく

された。このためひとつのパーツの誤差を2㎜以内、全長で20㎜以内の誤差とし、フランジプレートとウェッブプレートが連続隅肉溶接された。

(7) 母屋、屋根板、石綿繊維（トムレックス）、天井板の取り付け

吊り鉄骨が架設されると、次に母屋（C型鋼）が取り付けられた。吊り鉄骨梁の母屋受けピースと母屋がボルトで接合されるが、屋根全体は重みを増し、吊り鉄骨梁が徐々に変形する。この変形に追従できるよう、母屋取付け用のボルト孔を大きくし、2スパンから3スパンおきに母屋を入れない通りを設け、屋根曲面の変形に備えた。[28]

この後、4.5㎜厚の鉄板屋根が取り付けられ

図4-35　吊り鉄骨に鉄板の屋根を架ける　上下方向のワイヤーが押さえロープ

たが、温度変化などによる変形が予期されたため、吊り鉄骨上で逃げを取るなどして対応した。また、屋根板同士は四辺共全溶接で、瓦棒で逃げの部分を覆って全溶接する。ただ、施工中に屋根面を歩くことで凹みが生じ、また雨水が屋根面に溜まる箇所が散見されるなど、トラブルも絶えなかった[29]（図4－35～36）。

屋根鉄板の取り付けが終わり、押さえロープが張られると、スタンド下部の三角支柱が慎重に取り外された。また断熱と結露防止を目的として、屋根裏には石綿繊維（商品名トムレックス、アスベスト）を吹き付けた。設計当初、仕様書ではアスファルトを2㎜塗ることになっていたが、屋根鉄板が夏に80℃、冬に零度以下となる環境下でアスファルトを用いることは難しく、2㎜塗ることも施工上難

図4-36　越屋根上部の施工　たくさんの丸い穴はトップライト

しかったため、トムレックスに切り替えた。しかし、トムレックスも屋根裏の複雑な形状に一様に吹くことができず、不十分な施工となってしまった。

トムレックスの吹き付け後、天井板の取り付けが始まったが、パネル総数は3、600枚、種類は隅役物を除いて5種類ほどで、工場製作2、500枚、残数は現場で製作した。1組4人、1日30枚程度張る算段であったが、特に隅役物600枚は端までパネルが張られてこないと寸法が分からず、真夏の暑さの中、職人らは高さ30mの足場を何度も上り下りした。この後、足場が取り払われ、プールの仕上げや設備機器調整が行われ、8月末に引渡が完了した（図4-37～39）。

図4-37　第一体育館内部　プール飛込み台

図4-38　第一体育館　内装工事

図4-39　第一体育館　エントランス部内装工事

4-3　小結

本章では、代々木競技場の設計プロセスおよび建設プロセスを可能な限り史実に基づいて整理した。特に前者では、設計者の選定、基本・実施設計について詳述した。また、後者では現場監理における重要なポイントを列挙し、次々と発生する難しい課題への対処法について触れた。

丹下研究室の初期メンバーとして丹下を支えた建築家・大谷幸夫は、建築を評価する際の指標として以下3つ（配置・形状・細部）を挙げたが、これらが三位一体となる建築が傑作の条件となる。本章を振り返る意味で、この3つの指標から代々木競技場を評価してみたい。

1つ目の配置について、第一体育館を渋谷駅と明治神宮社殿とを結ぶ軸線上に中心を置くよう配置され、同時にほぼ南北軸（明治神宮社殿の軸）に一致させている（図4-9）。また、猥雑な渋谷の繁華街を抜けて坂を登ると、明治神宮の緑地を背にした清浄な高台に競技場が据えられている点に特徴がある。

2つ目の形状について丹下はこの競技場を設計するにあたり、観客の大群集が選手と一体になって競技の進行に参加し、満場の興奮の中に国際的な連帯感を強めるようなダイナミックな空間を形づくることを掲げ、見事に実現した。また、都市景観の中でスポーツの高揚を暗示し、集まり来る人びとがこれから中で行われる競技に対して抱く期待に背かぬような美しい外観と印象的な配置を形づくることにも成功した。

3つ目の細部について、120m以上のスパンを有する吊り屋根を実現するために坪井研究室は発明的なディテールをいくつも生み出し、メインケーブルに日本初の制震ダンパーを導入したが、竣工後半世紀たった今も構造的な問題が発生していない点で大いに評価できるだろう。一方で、5章で触れる通り、竣工直後から施設全体でさまざまな不具合が発生したため、詳細検討が不足していたと考えられる。

また、代々木競技場が建設した時代の海外建築家の動向を振り返ると、丹下はアメリカの建築家エーロ・サーリネンとライバル関係にあり、互いが互いの作品の特徴を分析し、それを乗り越えるべく設計案を雑誌発表していた。この点は2章4節でも触れたが、サーリネンが設計したイエール大学のホッケーリンクは龍の背骨の如きコンクリートアーチ（図4-10④）（代々木競技場基本設計図書では「尾根アーチ」）から地面付近のスタンド端部に向けて吊り屋根を下ろし、次世代の大空間建築を指し示していた。これに対して丹下はコンクリートアーチ部分をワイヤーに切り替えることで二重の吊り屋根（「尾根網」）に挑戦し、見事実現してみせる。残念ながらエーロ・サーリネンは代々木競技場を見ずに1961年にこの世を去った。もしサーリネンが存命で、竣工後の代々木競技場を見たらどんなコメントを残したのか知る由もないが、サーリネンの創作意欲をかき立てたであろうことは想像に難くない。

1 文部省原議書文体運第246号「国立屋内総合競技場建築設計者選考委員会の開催について」国立公文書館所蔵　決裁：1961.11.13
2 文部省原議書文体運第80号「屋内総合競技場建築設計者選考委員会の開催について」国立公文書館所蔵　決裁：1962.2.26
3 文部省原議書文体運第98号「屋内総合競技場基本設計委託について」決裁：1962.3.28
4 「最高の技術を駆使：国立屋内総合競技場基本設計できあがる」『読売新聞』1962.5.12
5 文部省原議書文体ス第98号「屋内総合競技場建築設計者について（伺定）」国立公文書館所蔵　決裁：1962.5.15
6 藤森照信・丹下健三『丹下健三』新建築社 2002, p.313
7 財団法人建設工学研究所、屋内総合競技場基本設計説明書、国立公文書館所蔵 1962.03.20, pp.9-11
（文部省原議書文体運第98号「屋内総合競技場建築設計者委託について」決裁：1962.3.28 添付書類）
8 7と同資料 p.16
9 丹下健三・坪井善勝・井上宇市「屋内総合競技場基本設計の経過と要望」国立公文書館所蔵 1962.5.8（文部省原議書文体運第98号「屋内総合競技場建築設計者委託について」決裁：1962.3.28 添付書類）
10 構造設計坪井研究室「国立屋内総合競技場の構造計算書その1」東大生産技術研究所川口健一研究室所蔵 1962.10, p.3
11 川口衞「代々木競技場第一体育館の構造設計―六つの問題と解決経緯」槇文彦・神谷宏治編『丹下健三を語る』鹿島出版会 2013, p.141
12 川口衞「インタビュー」豊川斎赫編『丹下健三とKENZO TANGE』オーム社 2013, pp.728-730
13 10と同資料 p.2
14 10と同資料 p.4
15 丹下健三「国立屋内総合競技場の経験」『建築文化』1965.1, p.75
16 井上宇一「主体育館観客席の空気吹出し実施設計」『建築文化』1965.1, p.112
17 藤森照信・丹下健三『丹下健三』新建築社 2002, p.313
18 根岸嘉市「国立屋内競技場の施工（1）」『建築界』1965.04, p.55
19 建設省関東地方整備局「Ⅱ 杭打工事　墨出し」『国立屋内総合競技場施工記録』1964, p.18
20 根岸「国立屋内競技場の施工（1）2 杭工事と基礎」『建築界』1965.04, p.63
21 建設省「Ⅳ 型枠工事　5 支保工」『国立屋内総合競技場施工記録』1964, p.74
22 根岸「国立屋内競技場の施工（2）5 型枠」『建築界』1965.05, p.65

23 建設省「Ⅵ 第一体育館吊り屋根　3 材料の使用、検査」『国立屋内総合競技場施工記録』1964, p.93
24 根岸「国立屋内競技場の施工（3）9 ワイヤーロープの製作」『建築界』1965.06, pp.50-51
25 根岸「国立屋内競技場の施工（4）10 鋳鉄品の製作」『建築界』1965.07, p.27
26 建設省「Ⅵ 第一体育館吊り屋根　4 施工」『国立屋内総合競技場施工記録』1964, p.97
27 根岸「国立屋内競技場の施工（6）15 越屋根トラスの施工」『建築界』1965.09, p.69
28 川口衞「代々木競技場第一体育館の構造設計　六つの問題と解決経緯」『丹下健三を語る』鹿島出版会 2013, pp.140-145
29 建設省「Ⅵ 第一体育館吊り屋根　4 施工」『国立屋内総合競技場施工記録』1964, p.101
30 根岸「国立屋内競技場の施工（6）17 屋根鉄板張り」『建築界』1965.08, p.71

第５章　運営方針と保全改修から読み解く代々木競技場

本章では、竣工した代々木競技場がどのような運営方針のもとに管理され、保全されてきたかについて考察する。このため、各節では運営方針の変更について触れるのと同時に、競技場内で発見された瑕疵や保全改修の取り組みついて併記していく。その際に参照する資料として『月刊国立競技場』を用いる。この資料は代々木競技場が竣工する以前から2008年までは毎月、それ以後は隔月で発刊されているが、一般向けの雑誌ではなく全国の競技場施設職員向けの雑誌であった。このため、『月刊国立競技場』には国立競技場、代々木競技場の運営方針や保全改修について詳細な情報が掲載されている点に特徴がある。

国立のスポーツ施設が営利活動や広告収入とどのような距離感を持ってきたかは、施設の運営方針の変化に色濃く反映され、高度経済成長以後の日本社会の変容を写し出す断面となっている。また、代々木競技場が老朽化して絶えず改修工事を強いられつつ、リビング・ヘリテージとして現代のスポーツ施設に期待されるスペック（耐震・冷房・省エネなど）を満たしていった。過去半世紀に及ぶ改修の歴史は、代々木競技場が成熟社会にふさわしいレガシーとなる上で重要なプロセスとなった。

5-1　1964～1973年：3つの運営方針と地盤沈下

図5-1　日本選手権水泳競技大会（1970.8.25）

（1）3つの運営方針

国立代々木競技場は昭和39年（1964年）に開催された東京オリンピックの水泳・バスケット会場として整備されたが（図1-4、1-5）、オリンピック後の代々木競技場の使命は国立競技場法の中に示された。同法第一条によれば、設置する体育施設を適切かつ効率的に運営し体育の普及振興を図り、国民の心身の健全な発達に寄与することが目的に据えられていた。ここで言う体育とは、体育、スポーツ、フィジカル・レクリエーションなど多岐にわたる。そして代々木競技場の運営方針は国立競技場法の精神に沿いつつ、以下3つの活動に分類された。第1に国際的なスポーツの大会、全日本的なスポーツの大会、あるいはこれに準ずる大会などへの利用、第2に広く国民スポーツとして普及振興を図る自主事業およびコミュニティ・スポーツの育成・奨励、第3に施設を一般に公開する事業が挙げられる。[1]

第1の団体利用について、代々木競技場ではさまざまな競技の全国大会が行われ、第一体育館で日本選手権水泳競技大会（図5－1）（1966年〜）、全日本アイスホッケー選手権大会（1968年〜）、第二体育館で全日本学生バスケットボール選手権大会（1964年〜）などが毎年行われてきた。このため、代々木競技場はオリンピックスタジアムとして、第一級の国際競技会場にふさわしいハイレベルな維持管理が期待されてきた[2]（図1－8）。

第2の普及事業について、代々木競技場では国民のスポーツへの関心の高まりを受け、「スポーツの日常化を目指して」[3]、1967年からさまざまなスポーツ教室を設けてきた。[4]当時、特に人気を博したのが女性スポーツ教室や婦人水泳教室で、定員をはるかに上回る応募者があった。

第3の個人利用について、代々木競技場では、「いつでも、だれにでも気軽に利用できる施設の提供」[5]を一般公開のスローガンに掲げて、オリンピック終了直後から第一体育館でアイススケート場（図1－8）、水泳場を運営してきた。1965年5月、第一体育館西側のエリアにこども専用プールの設置工事が始まり、8月5日にオープンの日を迎えた。当日は約1、000人の子供たちが招待された[6]（図1－9）。

特に第2の普及事業にとってスポーツ教室の開設が重要となったが、代々木競技場に通え

図5-2　女性スポーツ教室

る人びとは近隣住民に限られるという難点を伴った。代々木競技場では全国のスポーツ普及に先駆けて、「モデル性の追求」[7]に重点をおいて事業を企画実施してきた。というのも、オリンピック関連施設のみならず、国体施設の建設には莫大な税金が投入されるものの、大会後には誰も利用しない施設になりがちであった。このため、代々木競技場では近隣住民による施設の効率的使用方法を試験研究することを目指し、多様なスポーツ教室を開講してきた（図5-2）。また、代々木競技場にはクラブルーム（研修室・談話室など）がプール・スケート場の入口付近に設けられ、競技者・指導者、保護者らが互いに心置きなく交流を図る室内環境が整備された。[8]

（2）地盤沈下、雨漏り、壁の亀裂と原因の究明

代々木競技場は前章で触れた通り、難易度の高い施設の施工を短期間で行ったが、建設後数年を経過したころから、施設の一部で地盤沈下が進行した。特に第一体育館原宿・渋谷口各々玄関附近、および第一体育館と第二体育館を結ぶ事務棟附近が顕著だった。その原因として、もともと当該地の地盤そのものが軟弱なところに盛土して建設されたこと、また当時渋谷ビル街では大量の地下水が汲み上げられていた影響、さらに突貫工事による欠陥などの点が挙げられる。[9]

１９６５年３月14日付の朝日新聞には「「建築芸術品」にひび割れ　代々木総合体育館の玄関ホール　地盤が大幅に沈下　建設省、調査始める」と題する記事が掲載され、事務棟内の長さ20m、幅６mのエリアで20㎝沈下しているのが明らかになった。記事では、１９６２年２月から建設省の依頼で梶谷調査工業会社が行い、実施設計前に12箇所、実施設計図書完成後に４箇所をボーリングしたが、たまたま軟弱部分を外して調査していた。また、建設省では沈下部分が他に広がる恐れはないと見て、沈下測定を続けながら、沈下が止まり次第、破損部の修理を支持する方針、と報じた。

同様に１９６６年７月３日付の朝日新聞には「地盤沈下でひび割れ　突貫工事にも手抜かり？　国立代々木体育館」と題して、競技場施設内の地番沈下、雨漏り、壁の亀裂、ガラスのひび割れが続発している状況を伝えている。記事によれば、第一体育館内の壁の亀裂と建具開閉の不具合、

第二体育館内の天井、倉庫の不具合、プロムナードの敷石の乱れ、事務棟倉庫の雨漏りによる冠水などが発生していた。丹下研究室の担当者は「最善の努力をして設計しているので不備はない。最近の沈下の原因調査で悪い地質が出てきたのは、当初発見できなかっただけに残念なことだ」とコメントし、建設省側は「工事前の調査ではわからなかった地質構造がいまわかった。明治神宮と渋谷を結ぶ線上にかなり以前、埋められた谷間があったのではないか」と指摘した。これに対して、第一体育館を施工した清水建設の担当者は、「資金繰りがつかなかったことと、設計の不備が今になってたたったものだ。短い工期に何百回も設計変更をさせられたのでは工事の手ぬかりも出てくる」と、発注者と設計者の不備を指弾した。

5-2　1973～1978年：オイルショックと改修工事の要望書

(1) オイルショックとその対応

1973年10月、第四次中東戦争を契機に日本では石油価格が大幅に上昇した。この石油価格の上昇に対して、代々木競技場では暖房の停止、照明量の削減によって対応したものの、スケート場や水泳場の利用者数、収入に影響を及ぼした[10]（図5-3～4）。例えば、同年12月18日付の朝日新聞には「電力・石油ピンチに悩む代々木体育館業務部長：市毛徳夫氏」と題し、代々木競技場

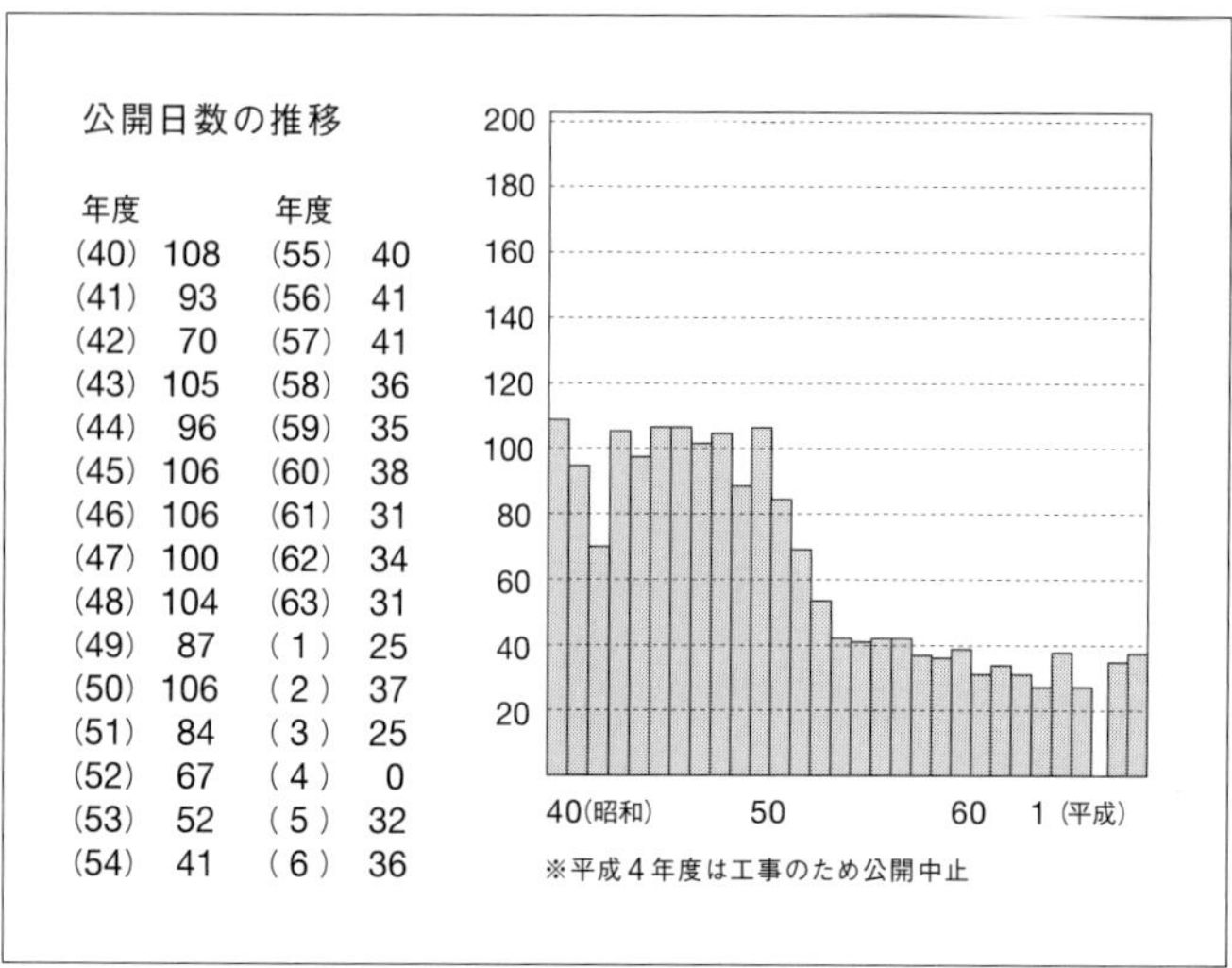

公開日数の推移

年度		年度	
(40)	108	(55)	40
(41)	93	(56)	41
(42)	70	(57)	41
(43)	105	(58)	36
(44)	96	(59)	35
(45)	106	(60)	38
(46)	106	(61)	31
(47)	100	(62)	34
(48)	104	(63)	31
(49)	87	(1)	25
(50)	106	(2)	37
(51)	84	(3)	25
(52)	67	(4)	0
(53)	52	(5)	32
(54)	41	(6)	36

図 5-3　第一水泳場個人利用年度推移

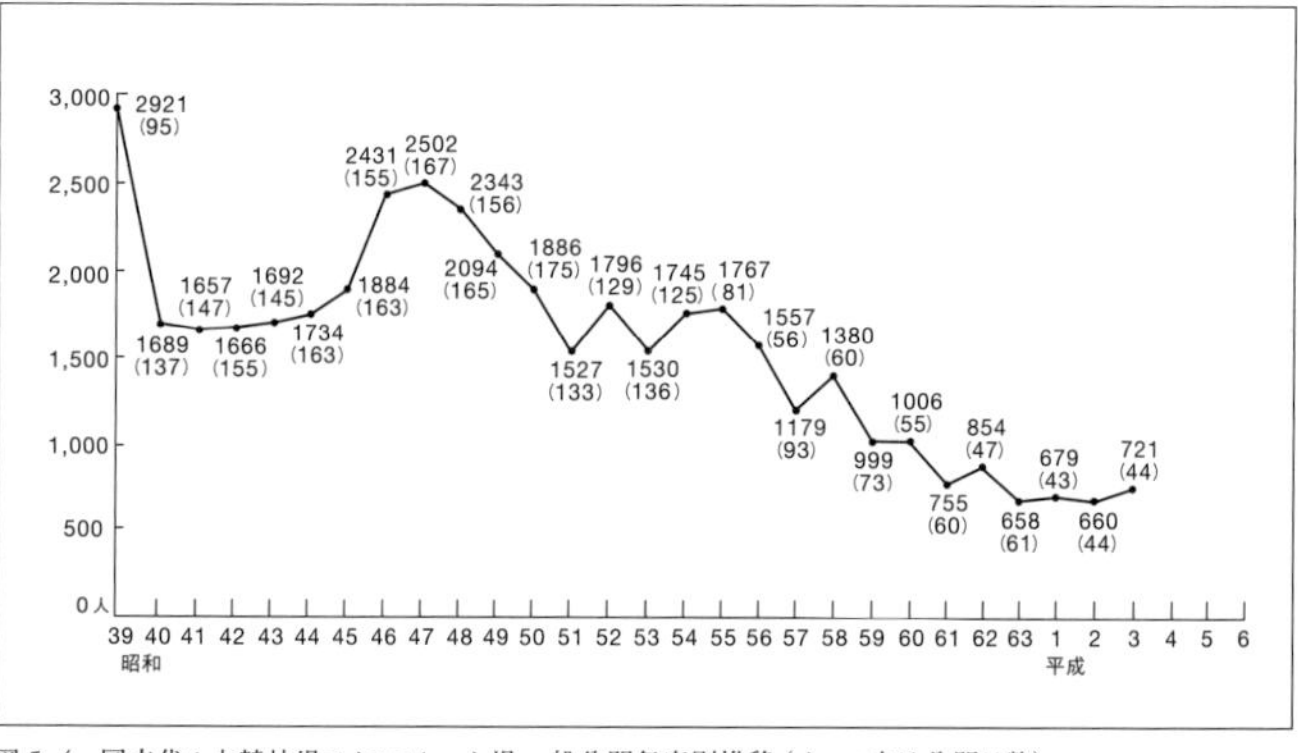

図 5-4　国立代々木競技場アイススケート場一般公開年度別推移（カッコ内は公開日数）

の窮状に関するインタビューが掲載された。記事によれば、オイルショックに伴う東京電力からの節約要請、石油暖房器具の使用抑制に対応すると、年明けのプール再開の目処が立たず、市毛は「約千人の代々木スイミングクラブ員は宙に浮くし、婦人水泳教室は継続できず、１１１万円を払い戻さんといかん。1月から3月まで５３３万円の減収になる」とコメントしている。さらに「一番困るのは、館内の売場、清掃業者、水泳指導員などの問題。みんな年間契約。業者は入札で入っているが、契約条件と違ってくるので、切り捨てごめんで、失業させてはいけない」と付言した。

こうした困難を乗り越えるべく、代々木競技場では施設利用料の値上げを行い、第一体育館フロアのイベント利用を模索した。前者について、１９７4年10月に施設利用料を平均30％値上げした。そもそも代々木競技場は国立の施設であり、施設建設費は国が全額負担で出資するが、施設運営費は全額が国庫負担で賄われているわけではなかった。このため、施設運営は自主的に経営できることが理想であり、それに近づける努力が求められていた。代々木競技場の施設運営者は「スポーツに参加することは無料であるという観念が明治以来、日本には広く拡がっており、それが禍いして今もなお、無料が最上であるという考えが払拭されてはいない」[11]と指摘し、受益者が相応に負担することがスポーツ振興に寄与すると主張して、値上げに理解を求めている。

後者について、第一体育館のプール・アイススケート場からフロアへ転換した場合に、スポーツなどのイベントをできるだけ開催する方針を打ち出した。[12]その先鞭を切ったのが１９７6年6月開催の国際選抜体操競技大会で、プールの上に臨時のフロアを設置して対応した。また1977年11月、第2回バレーボールワールドカップが第一体育館で開催され、アイススケートリンク上に仮設の床を組み立て、その上で試合を行った。その際、床下と床上の温度差による結露が発生したものの、多くの関係者の努力が実を結び、無事大会を成功させた。なお、この大会によってそれまでの代々木第一体育館の入場者数記録を更新した。

1978年末、代々木競技場の施設管理者たちは運営方針を巡って盛んに議論を交わし、『月刊国立競技場』に座談会の形で掲載されている。その中には重要な論点が4つあり、国庫補助金、広告の可否、施設の目的外利用、園地の活用が挙げられる。[13] 第1の国庫補助金について、施設全体は国の財政計画の管理下にあり、自己資金の枠に増収があっても自己裁量で支出に振り向けることはできなかった。このため、各種の事業を自ら企画し、自己収入を上げても、サービス補強に還元されないジレンマを指摘している。第2の広告について、広告掲出はアマチュア・スポーツとプロスポーツの線引きにも強く関わり、営利活動の一環とみなされたものの、「国立競技場広告掲出基準」が制定・施行、[14] 1978年3月に公表され、規制緩和の方針が示された。第3の目的外使用について、各種競技の全国大会利用を優先しつつも、第一・第二体育館の稼働率を上げることで、アマチュア・スポーツ関係者に施設を低廉な価格で提供できるため、目的外利用は施設の理念に合致する、と見なされた。第4の園地の活用について、こどもプールが夏の2カ月間しか活用されていないのは不経済なので、施設管理者からは何か別の利用を考えるべきだ、との意見が出された。

(2) 屋根面の劣化報道と丹下による緊急対策要望書

施設管理者たちがオイルショックに伴う競技場の経営危機に頭を悩ませた頃、代々木競技場施設全体の劣化が話題になっていた。1976年5月1日付の朝日新聞には「サビと修理の追いかけっこ：代々木五輪プール　寄る年波に勝てず」という題の記事が掲載され、「大屋根の鉄板がさび、塗料がはげ、無残な姿をさらけ出している」と酷評された。記事によれば、根本的に錆止めを行うには約8、000万円必要だが、修復費として国から1、800万円しか拠出されず、このままではすぐに錆が発生する危険性が高いと指摘されている。また、日本武道館の屋根が錆の心配がない銅屋根なのに対して代々木競技場で鉄板が採用された原因について、代々木競技場の当初予算が17億円だったのにも関わらず、工事費の高騰で約31億円に膨らみ、その皺寄せとして銅よりも安い鉄板の屋根が選ばれた、とする関係者の声を掲載している。

こうした状況に業を煮やした丹下は1977年7月11日、海部俊樹文部大臣、長谷川四郎建設大臣、石原慎太郎環境庁長官、坊秀男大蔵大臣らに宛てて「国立代々木屋内競技場の維持整備の向上と屋根面発錆に対する緊急対策の要望書」を提出した。この中で、丹下は施工者である清水建設とともに1975年以来科学的観点に立ってメンテナンスを要望してきたにもかかわらず施設管理者らに放置されてきたことを嘆き、「このことは新聞にも取り上げられ、人々に危惧の念をいだかせるところとなっております」と危機感を表明した。丹下が要望書の中で列挙した代々木競技場の問題点は維持整備、屋根面発錆、コンクリート表面の補修の3点に分類でき、丹下は1つ目の維持整備に関連して以下7点挙げている。

①日常の清掃が十分でなく、部分的に不潔になっているところが多い。
②立看板など、必要以上に大きな書体で美観的にも思わしくない。
③ガラスの破損などはそのまま放置され、屋内には鳩が飛び交って、競技の邪魔になっている。
④構内と屋内に売店が立つ様になっているが、余りにも雑然としていて見苦しく、それらに対する充分な監督が行われていない。
⑤照明は当初1、000ルクスの照度をもって設計されていたが、電球などの破損したあと取り替えられたこともなく、現在では照度が極めて低いところとなり、競技に対して支障をきたしている。
⑥冬季のアイスホッケー場のために具っている冷凍機によって夏季には小競技場の冷房が十分できるように設備されているが、それが使用されたためしがない。
⑦電光掲示板のコンピューターがネズミの巣になってしまっている。

2つ目の屋根面の発錆について、それまでに2度ほど塗り替え工事が行われたものの、素地調整が3種ケレンで錆止1回油性ペイント2回にとどまり、充分に錆の除去が行われなかった。こうした状況に丹下は「おそまつなペンキ塗り」と評し、再三の陳情を通じて大体育館の屋根塗装をお願いしてきたものの、１９７７年度にも屋根面の塗装工事に必要な予算措置が行われていないことに憤慨している。

3つ目のコンクリート表面の補修について、竣工時には透明な塗装による表面処理が施されていたものの、風化が進んだため、エポキシ系、あるいはアクリル系塗装（ボンタイルあるいはアロンコートなど）による処理を提案している。

また丹下は工事費について、「巷間では、二十億の予算が、二十八億円に超過した如く、故意に吹聴されて」いる点に憤慨している。丹下の説明によれば、設計当初大体育館約20億円、小体育館8億円、合計28億円であったが、初年度には大蔵省の査定で20億以下に削減された。しかし、大蔵省当局も全体として28億円が必要であることを認めて、次年度に合計28億円が復活され、工事は予算内で完成した、と指摘している。また、大小ふたつの屋根面積は３４、２００㎡で、平米当たり単価は８２、３００円、坪単価が２７１、６００円となり、当時としても経済的な設計であった、と付け加えた。丹下からすれば、屋根の錆が止まらないのは難易度の高い設計をした建築家のせい、と世論誘導しようとする国立競技場関係者と新聞メディアに腹を据えかねていた、と考えられる。

5-3　1978〜1992年：「増税なき財政再建」と国際スポーツフェアの開催

(1) イベント会場としての機能強化：メディアミックスによる国際スポーツフェア

先に触れた通り、代々木競技場では先に触れた関係者間で交わされた議論を踏まえ、1977年に「国立競技場広告掲出基準」を制定し、広告掲出料の改訂、掲出枚数制限の撤廃を行った。[15] その後、1981年、日本政府はオイルショック後の税収減少と巨額の財政赤字に対応するために第2次臨時行政調査会を立ち上げた。そこでは、増税なき財政再建を実現すべく、国鉄・日本電信電話会社・日本専売公社の民営化などが議論された。その結果、1983年、代々木競技場を運営する国立競技場と日本学校健康会の統合が閣議決定され、1984年の第2次臨時行政調査会答申では国有施設の利活用の増進が推奨された。この答申を受け、代々木競技場ではスポーツ振興を図りながら施設の利活用の増進を図るとする答申内容に従い、経営重視の施設運営に舵を切り始めた。その一環として、1985年12月には日本体育・学校健康センター法が制定され、業務の遂行に支障のない限り体育施設を一般利用（文化イベントの利用）に供することができる、と記載された。この結果、代々木競技場では条件付きではあったが文化イベントやプロスポーツへ

図5-5　テニス世界4強大会で優勝したジミー・コナーズ（1986.4.20）

の貸付が可能となった[16]（図5－5）。

こうした運営方針の変化に伴い、1983年から1992年まで、代々木競技場で毎年国際スポーツフェアが開催された（主催：日本体育協会、フジテレビ、サンケイ新聞他）。主催者はこのイベントを開催するにあたって以下4点の時代背景を挙げている。第1に、高齢化とともに余暇時間が増大し、子供から老人まですべての階層の市民がスポーツを楽しむ時代となった。第2に、スポーツをファッション・コミュニケーション・レクリエーションなどに結び付けた新しいスポーツ人口が増加の傾向にある。第3に、各種マスメディアによるスポーツイベント、スポーツ番組の増加と多様化がスポーツへの関心や、スポーツ知識・情報の普及拡大に大きな役割を果して

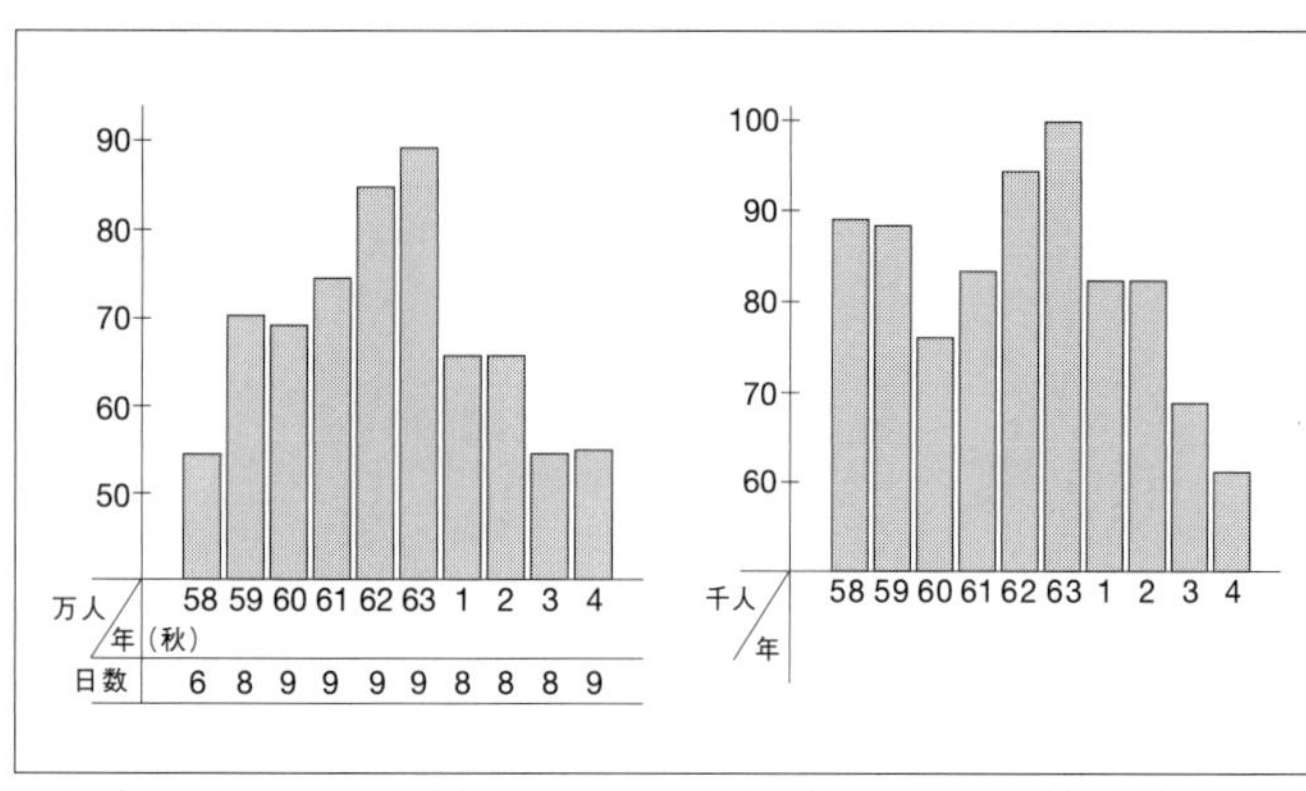

図5-7　国際スポーツフェア 1日入場者平均

図5-6　国際スポーツフェア入場者総数

いる。第4に、スポーツ関連の産業、健康関連産業が急速に発展してきている。

国際スポーツフェアでは、第一体育館、第二体育館、屋外特設ステージでは多彩な行事が組まれ、スポーツイベント、音楽プログラムを中心に、テレビ、ラジオで全国放送された。１９８３年の入場者数は６日間の合計で54万人となり、[17]代々木競技場を舞台として新聞・テレビ・ラジオなどのメディアミックスを実践する都市イベントとなった。この国際スポーツフェアは10年間行われたが、総入場者数は約６３０万人にのぼり、１９８７年からは代々木競技場の近隣施設でもさまざまなスポーツイベントが同時開催された。ただし、１９８９年からは次第に入場者数が減少し、１９９２年で幕を閉じた（図５－６、７）。

さらに、1985年からは代々木競技場第一体育館をメイン会場として全国高等学校バレーボール選抜優勝大会（春高バレー）が開催され、1996年以後、男性アイドルグループが開会式に登場してイメージソングを歌い、選手関係者やバレーボールファン以外の中高生観客を集めることに成功した。[18] 同様にW杯バレーでも男性アイドルグループらが大会サポーターとして大会を盛り上げ、代々木競技場第一体育館を舞台としてスポーツとエンタメの融合が加速していった。

（2）第1期五年次計画：大規模改修工事

新聞紙面で代々木競技場の惨状が指摘され、1976年5月に丹下自身も文部・大蔵大臣に要望書を提出し、関係者が調整に奔走することで、1978年3月、代々木競技場施設調査工事報告書が提出された。[19] この報告書には施設の不具合について以下4点（①材料・機能の老化、②使い勝手の変化によるもの、③安全および省力化の遅れに対応するもの、④工期540日の突貫工事による欠陥によるもの）に分類され、その対策として、施設利用者の安全の確保、施設機能の維持、利用上の性能向上、耐震性能の向上、都市施設としての景観・美観を維持することが謳われた。

一方で、すべての対策を同時に進めることは困難なため、1981年度から5ヶ年計画による施設改修工事が行われる運びとなった。初年度はまず天井浸水部改修工事（浸水部と錆の調査）と体育館屋根塗装工事（屋根鉄板厚さ測定と塗装、腐食の検討）から着手し、第一体育館中庭の防水層と表面舗装材の張り替え、正面玄関広場舗装工事などが行われた。

1982年度には第一体育館で競技面積の広い室内陸上競技を可能にするために照明の全面改修が行われ、照明エリアの拡張、TV放送に十分な照度の確保、省電力、多目的利用に備えた点滅制御などが実現した。[20]

1984年度には外部打放しコンクリート補修工事、入口外部アルミスパンドレル・サッシ改修工事、第二体育館付属棟内部改修工事、第一体育館原宿口側コンコース床改修工事などが行われた。[21] 特に外部壁面コンクリート補修工事は、表面に生じた塵埃、剥離、赤錆、汚れなどを除去し、中性化防止剤で下地調整をして、陶器質砂状ガン吹き付けを施した。この工事によって外壁のひび割れ箇所や汚れが目立たなくなり、外観の印象が大幅に改善した。

5-4　1992-2001年：稼働率の上昇とそれに即した増改築

(1) こどもプールの解体と園地の再定義、スケートの一般開放

施設全体の稼働率を上げ、収益を上げるためには、体育館の機能向上のみならず、園地（屋外スペース）の再編が急務となった。1993年、代々木競技場の北東部に設けられたこどもプールが解体され、園地の稼働率を向上させる試みが始まった。また「国立代々木競技場西側広場（仮

称）利用に関する指針」が設けられ、こどもプール跡地に屋外簡易型体育施設を建設するための工事が行われた。

１９９５年4月には「国立競技場利用規程細則他の一部改正」が行われ、園地の利活用を推進し、園地に対する利用者のニーズの対応を図るため、園地貸付基準等の整備を行うことが謳われた。その改正内容は4つあり、第1に園地各所の名称を設定する。第2に園地の使用料金を追加設定する。第3に園地の広告掲出基準を設定する。第4に園地の駐車料金基準を追加設定することであった。

第1の新しい名称について、旧子供プール周辺を含めた跡地は「オリンピックプラザ」と命名された。敷地南西の「バスターミナル」と呼ばれていたエリアは、渋谷寄りに位置していることもあって、「渋谷プラザ」と命名された。このエリアは代々木競技場見学者用バスが駐車した場所で、「はとバス」の東京見物コースにあり、文字通りターミナルの役割を果たしてきた。１９９５年には代々木競技場が「はとバス」観光コースからも外れ、バスターミナルとしての機能が失われた。さらに、原宿口広場は、地理的位置関係から「原宿プラザ」と命名された[22]（図5-8）。こうした園地にテントが建設され、シルク・ドゥ・ソレイユなどのサーカスが長期公演を行ったことは第1章で触れた通りである。

また第一体育館のアイススケートについて、２０００年当時の固定客層は依然として東京オリンピック世代（中高年層）に偏り、一層スケート離れに拍車がかかる事態が予想された。このため、

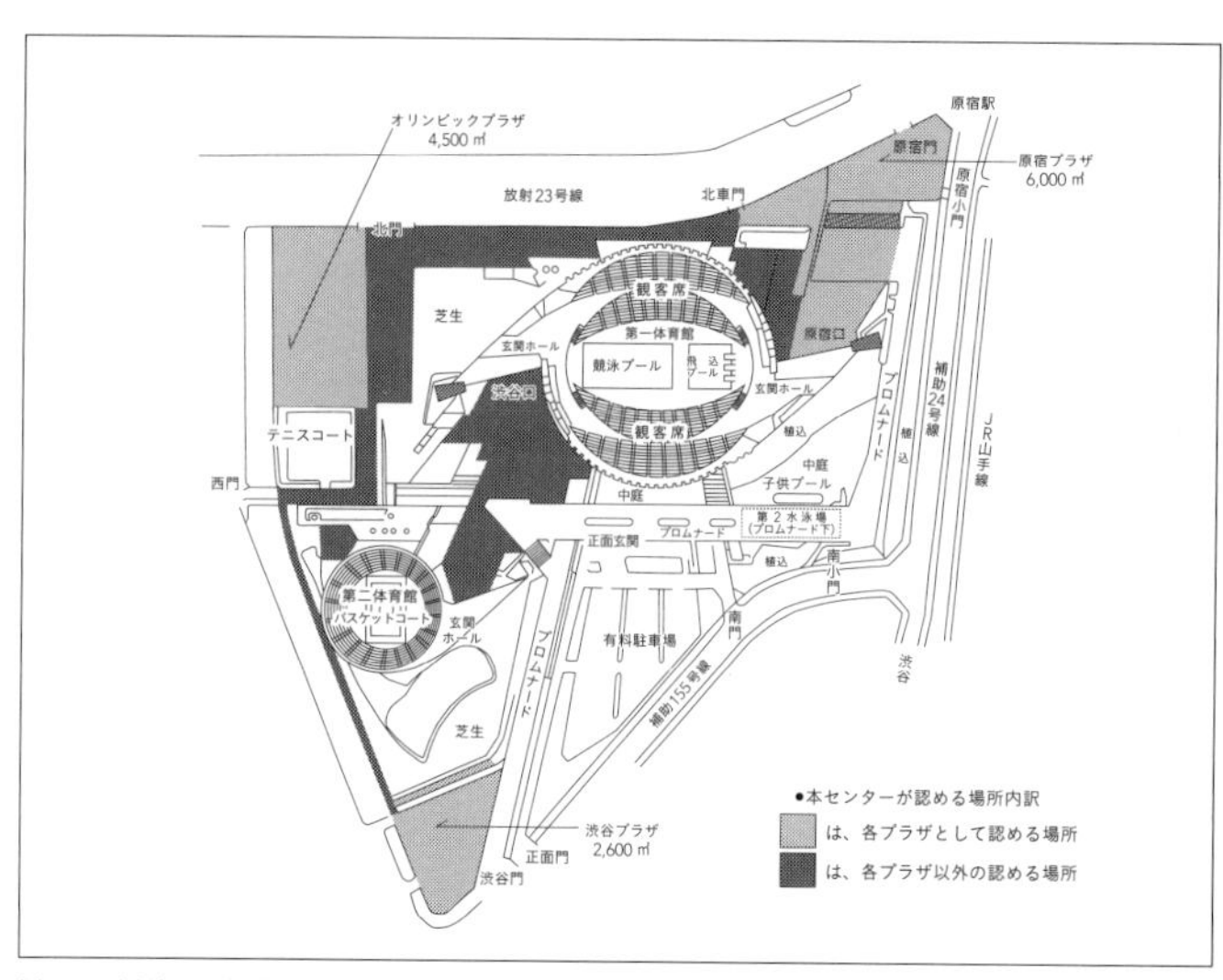

図5-8　園地の再整備：3つのプラザの有効利用促進

代々木競技場では2001年1月6日を無料開放日とした。1980年代から代々木競技場の目的外利用が推進されてきたことの結果として、アイススケート場としての知名度が低下し、施設運営者らは、「第一体育館」イコール「スポーツイベント会場、コンサート会場」といったイメージが先行していたことに危機感を表明している。当時、マスメディア（放送、新聞、出版等）を通じてスポーツイベント会場、コンサート会場としての情報が紹介されるため、代々木体育館におけるアイススケート場の機能が希薄になってしまったのではないか、と分析している。[23] しかし、第1章で触れた通り、2005年1月30日をもって代々木競技場のスケートリンク一般開放を終了した。記事によれば、最盛期の1971年度は155

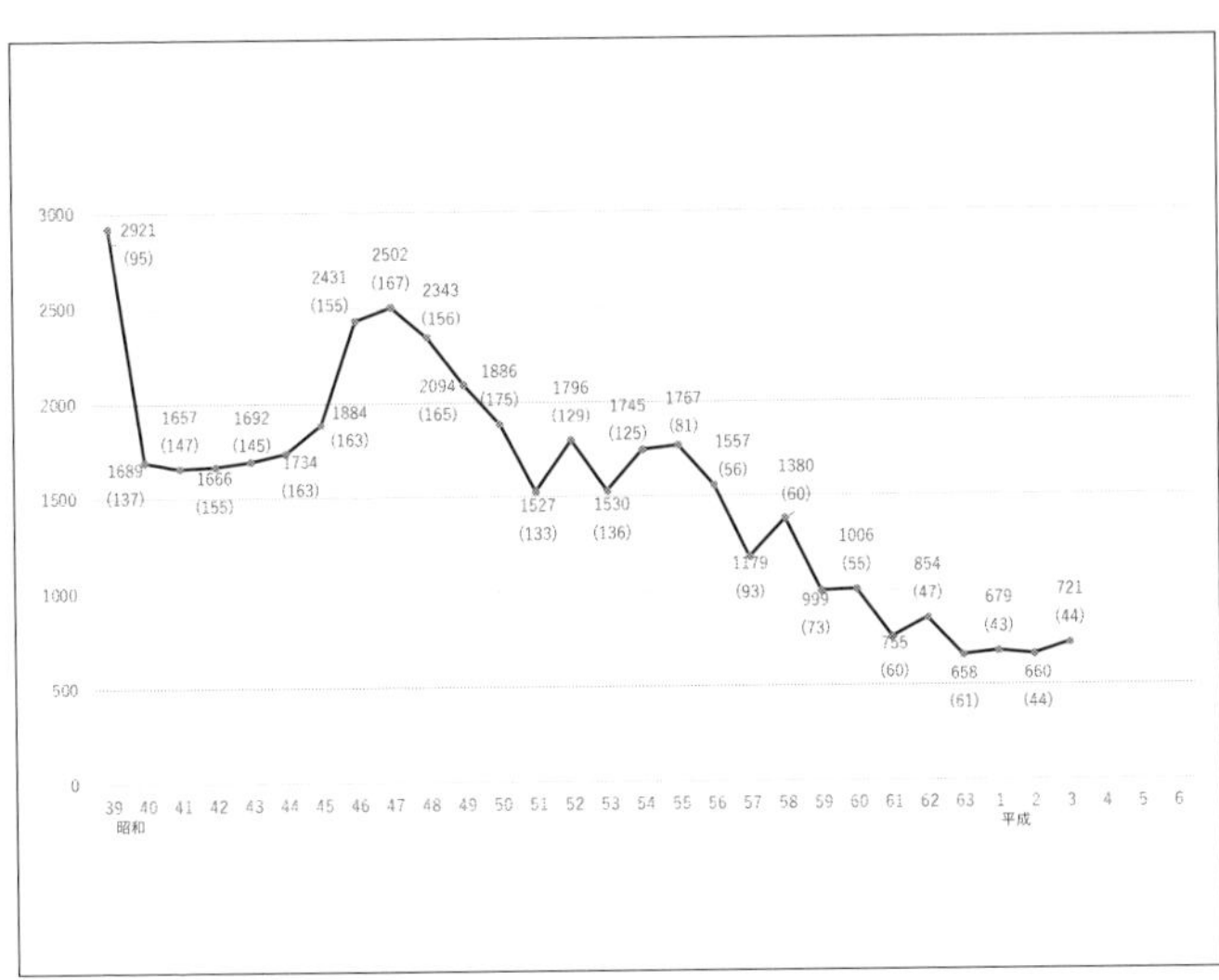

図5-9　第一体育館アイススケート場一般公開年別推移

日間営業し、1日あたり2,900人を集客したが、2004年度は37日間の営業で1日平均426人にとどまった、という（図5-9）。

（2）1990年台の増改築工事

前述の第2次臨時行政調査会最終答申に従い、第一体育館でも特徴的な改修工事がいくつか行われた。第一に、第一体育館のフロア利用のさらなる促進を目指して、北側ロビーの沈下防止・増築工事が行われた。具体的には1992年から既存設備（プール濾過機）スペースを圧縮し、搬出入口、スロープ、出演者控え室を確保している。この改修工事によって巨大なイベントの搬出入が容易となり、施設全体の収益率の上昇が期待された。同時に消防設備として本館アリーナ部を消火範囲とする放水銃を設置し、北ロビーにはスプリンクラー設備を設置し、利用用途の変更（プールからイベント会場への変更）に伴う防災性能の向上を図った。

1993年度には、①第一体育館南ロビー防火排煙区画工事、②第一・第二体育館屋根改修工事、③第一体育館中庭および第二水泳場施設改修工事、④プロムナード敷石等改修工事、⑤第一体育館競技用フロアパネル改修、⑥場内各所案内看板設置工事などが行われた。②の屋根改修工事は前回屋根塗装より5～6年経過し、塗装面の劣化が進み、剥がれ・錆が発生したため、塗装工事を実施した。④のプロムナードの石畳は竣工当時から独特の景観を成してきたが、竣工時には砂の上に石を置いただけであり、目地も砂で詰められていた。このため年を追うごとに凸凹が激しくなり、その直下の事務室に漏水が発生した。こうした問題を処理すべく、防水層から全面改修し、目地もコンクリートとすることで、歩行者が通行しやすくなり、目地から生える雑草の処理も不要となった。⑤のフロアパネル改修は、プールとして利用しない時期に足場を組んでプールに蓋をし屋内体育館を設えてきたが、床を張って剥がす作業が大きな負担となっていたため、取り付けが容易なパネル方式に全面改修した。⑥の場内案内看板について、代々木競技場は約9万㎡の広大な敷地に大小体育館、テニスコート、会議室、付属事務棟などを有し、1994年当時で年間200万人の利用客で賑わっていた。このため、競技場に到着しても所定の目的施設に辿り着くのは困難を伴い、バラバラな看板を一掃してデザイン・色調・大きさの統一された案内板を場内

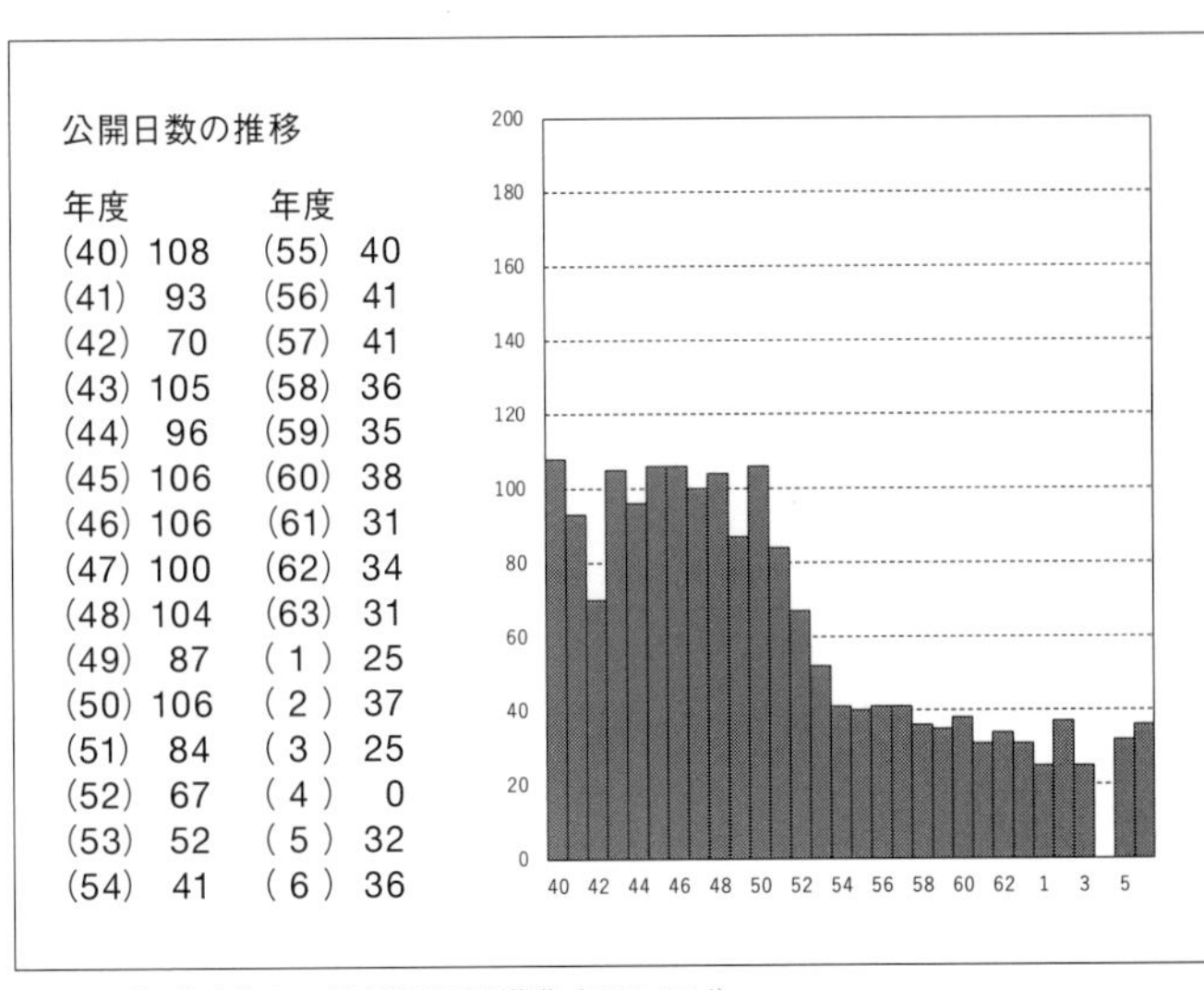

図 5-10　第一体育館プール個人利用年度別推移（1965-1994）

各所に設置した。[24]

　１９９４年度にはサブプールの改修が行われた。このプールはオリンピック水泳競技の練習用プール（選手のウォーミングアップ等に利用）として設けられたが、大会終了後は一般に公開され利用され、代々木スイミングクラブの練習場としても活用されてきた。このサブプールの前面にある屋外エリアに新しいこどもプールを設けることになり、１９９４年度の工事では更衣室・シャワー室などの拡張、機械室の増築などを行った。[25]

　また、第一体育館冷房設備は竣工当時からの懸案事項であったが、２０００年についに冷房が実現した。なお、第一体育館のプールの一般公開は１９９７年に終了し、２００２年４月には第一体育館の飛び込み台が撤去された[26]（図5－13）。

5－5　2001年以降：独立行政法人化とアスベスト除去工事

(1) 独立行政法人化と財政優先主義への批判

2001年、「特殊法人等整理合理化計画」が閣議決定され、代々木競技場を管轄する日本体育・学校健康センターが、独立行政法人となることが決定した。そして2003年10月1日、独立行政法人日本スポーツ振興センターが設立された。このセンターは、日本のスポーツ振興および児童生徒等の健康の保持増進を図るための中核的専門的機関と位置付けられた。また代々木競技場は目標稼働日数が定められ、国際的・全国的なスポーツ大会などの利用に供した上で、施設の有効活用および収入の確保を図るため、利用促進の営業活動に努め、コンサートなど、文化的行事の誘致を図ることになった。このため、以前までは代々木競技場の利用状況は団体利用・一般利用・普及事業の順にさまざまなスポーツ活動が詳細に分析されたが、独立行政法人化後は目標稼働日数と実際の稼働日数、総入場者数と有料入場者数などの最小限の情報が公開されるにとどまった。

2002年6月30日付の朝日新聞には「風：国立代々木競技場の財政最優先に疑問も」と題した記事が掲載され、2001年度にバレーボールに10日間、バスケットボールに8日間、フィギュアスケート・アイスホッケーに４日間使われたのに対して、コンサートが49日間も開かれたことに言及した。記事によれば、日本体育・学校健康センターが「使用料の高い興行での収益をつぎ込み、スポーツに安く使ってもらう」という運営方針を強いられ、本来児童や生徒の健康のための施設を運営するというセンターの目的を見失っており、「一時のもうけに目がくらみ、自らの存在意義を忘れたために、この特殊法人は信用を失った」と手厳しい。

（２）アスベスト除去、バリアフリー、耐震補強

代々木競技場では体育館内の温熱環境を守るために大屋根の天井裏など多くの箇所で断熱材として石綿繊維（商品名トムレックス、アスベスト）が用いられた。しかし１９７０年代にアメリカでアスベストが社会問題化し、日本でも１９７５年に吹き付けアスベストが禁止され、２００５年にはアスベストを利用していた機械メーカーの従業員や近隣住民への健康被害が報道された。また、２００６年には石綿健康被害救済法が制定され、医療費や療養手当を支払う救済制度が作られた。代々木競技場でも空気中の濃度測定を実施し、除去工事の検討を行ってきたが、２００６年に入ってアスベスト除去工事予算を確保できたことで、第二体育館から除去工事が行われた。その際、第一・第二体育館ともに屋根形状が複雑なため、従来の手作業による除去は難しいと判断し、ドライアイスを高圧で吹き付け、手の届かない隙間や離れた場所でも確実に除去できる方法を採用している。[27]

アスベストと代々木競技場の関係が報道された事例として、２００５年7月10日付の朝日新聞「声」欄に投書された「アスベストの被害は夫にも」が挙げられる。記事には、「私の夫は昭和30年代後半の高度成長期、東京五輪開催で国じゅうが沸く中、東京・代々木競技場の建設現場の屋根裏で、アスベスト（石綿）吹き付け工事に携わっていたひとりである。防護マスクは装着していたというが、完全とは程遠いものだったという。以来、40年あまりの歳月が流れ、その間も幾度かアスベストの被害について報道などで警鐘が発せられた。当時、共に働いていた下請け業者の職人さんの多くは、アスベストによる呼吸不全のため長い闘病の末、ご家族の悲しみと無念の中、亡くなられた」と記され、これまであまり報じられなかった代々木競技場アスベスト問題が白日にさらされたのである。２００５年12月22日付の朝日新聞には「試合会場、悩みの種　代々木競技場の体育館、休館　アスベスト除去工事」と題した記事が掲載され、アスベスト除去工事のために、第二体育館が２００６年8月から8カ月間、第一体育館が２００７年1月から1年間休館となる、と報じられた。記事によれば、約三千人程度収容可能な第二体育館は２００４年度に３１６日利用されるほどの人気施設で、多くのスポーツ団体が代替え施設に奔走した、という。

２００９年度の改修工事では、バリアフリーを実現するための工事が多く行われ、第一体育館では①外部エレベーター2基の新設、②身障者用観覧席（車椅子席）と身障者トイレの新設、③ドーピングコントロール室の新設、④大型映像装置の更新、などが行われた。また第二体育館では冷凍機設備の更新が行われた。このうち、①のエレベーター設置によって駐車場から体育館内への移動が容易になり、④の大型映像装置によって従来モノクロだった電光掲示板がフルカラーとなることで、さまざまなスポーツイベント、エンタメイベントで利用が期待された。[28]

２０１３年1月8日付の朝日新聞には「日本スポーツ振興センターに60億円を出資へ　文科省、今年度補正で」と題した記事が掲載され、同月7日、文部科学省は日本スポーツ振興センターへの出資金として約60億円を２０１３年度の補正予算に盛り込む方針を決めた、と報じている。記事によれば、国立競技場建て替えに向けた準備や代々木競技場の改修、国立スポーツ科学センターの新設備導入などが想定される、という。その後の２０１３年9月7日には、ブエノスアイレスで開かれた第１２５回ＩＯＣ総会で２０２０年オリンピック・パラリンピックの東京開催が決定し、代々木競技場はハンドボール会場とウェルチェアラグビーの会場に利用されることとなった。

２０１７年3月31日付の朝日新聞には「代々木の工事費、ｔｏｔｏ１２０億円　東京五輪」と題した記事が掲載され、同月30日、２０２０年東京オリパラの会場になる代々木競技場の耐震改修工事費などにスポーツ振興くじ（ｔｏｔｏ）の売り上げから約１２０億円を当てることを決めた、と報じている。

２０１８年1月、代々木競技場第一体育館のさらなる耐震補強、バリアフリー化、セキュリティ機能強化のための改修工事が始まり、２０１９年9月30日に完了した。従来の耐震補強工事と大きく異なる点として、大規模天井の落下防止対策、地震後も使用できる施設とするための改修、石積擁壁の耐震補強などが挙げられる。またバリアフリー化については、Tokyo 2020 アクセシビリティ・ガイドラインに対応し、主要通路および観客席のバリアフリー化を目指すものとなっている。こうした取り組みにより、安心安全な施設での東京２０２０オリパラ大会開催を支援する、としている。[29]

また、２０１８年1月からの改修工事はこれまでの改修工事から一歩踏み込んで、歴史的建造物の改修という位置付けを打ち出した。具体的な措置は以下３点にまとめられている。

①意匠上配慮すべき部分については、原則、原形を維持することとする。

②バリアフリー化や安全対策などの理由でやむを得ず改編を伴う改修工事を行う場合は、原設計に配慮した改修方法等を記録に残し、後世に引き継げるように配慮する。

③現在の技術では対応することが難しい場合は、技術革新により材料や工法が確立された際に、改修工事が容易に行えることを確認した上で実施することとする。

１９８１年度に始まる5ヶ年計画以来、代々木競技場の改修工事の監理には基本・実施設計に参加した丹下研究室ＯＢ・坪井研究室ＯＢ・井上宇一が積極的に関与し、設計当初のコンセプトが維持されるよう配慮されてきた。また、２０１８年1月以降の改修工事で歴史的建造物として明確に文章化された背景として、代々木競技場が竣工以来高い評価を得ながら50年以上が経過したこと、２０１６五輪東京招致活動の際に内外のメディアに対して代々木競技場が五輪レガシーであると強調してきたこと、２０２０五輪東京招致活動の際にヘリテージゾーンを設定し、その中心的な施設として代々木競技場が据えられたことなどが挙げられる。

図5-11　空から見た国立代々木競技場

図5-12　改修を終えた第一体育館（2011年撮影）

図5-13　改修を終えた第一体育館（2012年撮影）

図5-14　改修を終えた第二体育館（2011年撮影）

5-6 代々木競技場の施設更新・改修工事の履歴

			第二体育館								附属棟（事務・第二プール）								屋外広場	
諸室	空調衛生	電気	屋根外壁	天井	構造	客席スタンド	フロア	諸室	空調衛生	電気	屋根外壁	天井	構造	プール	中庭	諸室	空調衛生	電気	駐車場	3つのプラザ
			●	●	●						●	●	●							
																			●	
			●																	
		●	●	●																●
																				●
												●		●		●		●		
		●																		
			●	●	●			●	●	●										
●	●	●	●	●	●			●	●	●	●	●	●	●		●	●	●		
			●	●							●	●								
		●																		
		●									●	●								
			●	●			●	●		●										
	●																			
															●					
				●						●										
														●						
●																				●
	●	●	●								●									
	●	●							●		●									
							●		●			●		●		●	●	●		
												●		●		●	●	●		

出典　A：『月刊国立競技場』
B：「主な改修工事一覧」『国立競技場50年の歩み』日本スポーツ振興センター、p.152, 2012

			第一体育館					
出典	年月	タイトル	屋根外壁	天井	構造	客席スタンド	プール	スケート
A	1978.7	「代々木競技場大改修を目指して」	●	●	●			
A	1978.10	「代々木競技場　駐車場有料化について」						
A	1980.10	「代々木競技場第一体育館特設床施工工事について」					●	●
A	1980.11	「代々木競技場第一体育館ダイナミック・パネル・フロアーについて」					●	●
B	1982.3	「第一・第二体育館屋根塗装体育館屋根塗装」	●					
A	1982.10	「昭和56年度代々木競技場施設改修工事」	●	●				
A	1983.2	「代々木競技場にテニスコート完成」						
B	1983.3	「サブプール天井改修、食堂、事務室廻り天井改修工事」						
A	1983.5	「国立競技場代々木競技場第一体育館の照明改修」		●				
B	1984.3	「第二体育館付属棟内部改修、打放コンクリート補修他」						
A	1984.8	「代々木競技場改修工事状況」	●	●	●		●	
A	1985.3	「代々木競技場第一体育館に画期的な仮設フロアが誕生」					●	●
B	1985.3	「第一体育節打放しコンクリート補修、第二体育館付属棟内部改修他」	●	●				
A	1986.1	「代々木競技場第一体育館電光掲示盤の改修について」						
B	1986.3	「外部打放しコンクリート補修他、第一体育館電光掲示盤改修工事」						
A	1988.5	「国立代々木競技場第二体育館の改修工事を終えて」						
A	1990.4	「国立代々木競技場ボイラガス化切換工事」						
A	1990.6	「国立代々木競技場　チャーミングエリア完成」						
A	1990.11	「国立代々木競技場トラス吊り監視装置について」			●			
B	1991.3	「第二体育館天井改修工事」						
B	1992.2	「第一体育館スタンド椅子改修工事」				●		
B	1992.3	「第一体育館アンカーブロック改修工事」			●			
B	1992.7	「子供本泳場新設工事(室内水泳場横)」						
A	1993.1	「国立代々木競技場アイススケートリンク改修」						●
B	1993.3	「第一体育館北ロビー改修、西側広場改修他」			●	●		
B	1994.3	「第一体育館冷凍機取替、プロムナード敷石等改修、消防設備改修、第一・第二体育館屋根改修他」	●					
A	1994.7	「北側ロビーの沈下防止プロムナード敷石完成」		●	●			
B	1995.3	「第二体育館フロア及び空調設備改修、第二水施設改修」						
A	1995.4	「代々木サブプール 3度目の大改修を終えて」						

				第二体育館								附属棟（事務·第二プール）								屋外広場	
中庭	諸室	空調衛生	電気	屋根外壁	天井	構造	客席スタンド	フロア	諸室	空調衛生	電気	屋根外壁	天井	構造	プール	中庭	諸室	空調衛生	電気	駐車場	3つのプラザ
							●	●		●											
		●																			
		●																			
				●																	
		●	●																		
		●																			
															●			●	●		
			●								●								●		
			●																		
			●																		
													●				●	●			
		●																			
				●						●											
				●		●															
					●																
					●																
		●																			
	●		●							●							●		●		
						●	●	●	●	●	●			●				●	●		
												●					●		●		●
			●																		
			●																		

出典	年月	タイトル	第一体育館				
			屋根外壁	天井	構造	客席スタンド	プール
A	1995.5	「バスケットボールの殿堂リフレッシュ」					
B	1996.3	「第一体育館メインロープバックステイ一部改修、アンカーブロック部改修工事」			●		
B	1998.3	「第一体育館越屋根天井吸音断熱材補修工事」		●			
B	1999.3	「給水本管及給水･給湯圧力水槽ポンプ等取替」					
A	1999.10	「代々木体育館2000年度から冷暖房完備に」					
B	2000.2	「第二体育館屋根部改修工事」					
B	2000.3	「第一体育館空調設備新設、自動制御盤等改修」					
A	2000.8	「代々木第一体育館待望の冷房設備完成」					
B	2001.3	「第二水泳場水槽及び循環水排水管等改修工事」					
B	2001.3	「電気中央監視装置取替工事」					
B	2002.3	「第一体育館天井照明設備改修工事」		●			
A	2002.6	「飛び込み台解体」					
A	2003.3	「国立代々木競技場第一体育館照明設備改修工事」		●			
B	2004.3	「第一体育館改修(大屋根部全面塗装他)」	●				
B	2004.3	「第一体育館アルミサッシ及び外壁改修」	●				
A	2004.7	「平成15年度国立代々木競技場改修工事」	●				
B	2006.3	「事務棟アスベスト除去及び関連工事」					
B	2006.3	「第一体育館熱源改修工事」					
B	2006.3	「第二体育館外壁改修工事」					
A	2006.7	「平成17年度国立競技場施設整備工事」					
A	2006.11	「国立代々木競技場アスベスト除去工事について」		●			
B	2007.3	「第一･第二体育館アスベスト除去工事」		●			
A	2009.5	「国立代々木競技場　第一体育館熱源設備更新工事」					
A	2010.9	「国立代々木競技場施設改修工事」				●	
A	2010.11	「国立代々木競技場第二体育館リニューアル」					
A	2011.1	「国立代々木競技場第二体育館内部及び外構改修その他工事が完了」					
A	2012.5	「国立代々木競技場受変電設備及び非常用発電設備改修工事」					
A	2012.5	「国立代々木競技場第一体育館天井照明改修工事」		●			

5-7　小結

本章では、代々木競技場が竣工した頃から現代に至るまでの変化を、景気変動に伴う運営方針の変容、および保全改修工事の履歴というふたつの側面から整理した。

前者について、代々木競技場に限らず、戦後日本に建てられた公共スポーツ施設は維持管理の費用負担の面で大きな問題を抱えてきた。特に１９７３年のオイルショック以後、国からの補助が減り続ける中でいかに景気に左右されない自立的な財源を確保できるかが重要な論点となった。スポーツの振興・普及を重視すれば利用料は抑制されるべきだが、競技場そのものの存立を考えれば受益者に応分の負担を強いることになる。その後、１９８２年の中曽根内閣による「増税なき財政再建」の旗印のもと、代々木競技場ではさまざまなプロスポーツ、エンタメイベントを誘致し、屋外空きスペースを貸し付けることで可能な限り収益を上げた。この側で、代々木競技場は従前通りアマチュア・スポーツ利用者への利便性を可能な限り確保したが、不動産ビジネスとスポーツの殿堂という二面性をもたざるを得なかったのはある種の必然であった。

ここで注目すべきは、80年代以後、テレビ・新聞社がスポーツとエンタメを一体化するイベントを代々木競技場で開催し、メディアミックスの実験場となった点が挙げられる。このビジネスモデルは春高バレーやW杯バレーに応用され、応援団と称する男性アイドルグループがテーマソングを歌唱する様子が繰り返しテレビ中継されてきた。こうした取り組みにより、スポーツに関心が薄い若い女性たちが競技場に詰めかけ、代々木競技場の経営に寄与するだけでなく、施設そのものが未だ利用可能であることを全国津々浦々に伝え、視聴率上昇と入場者数増加の相乗効果を生み出した。アメリカではアメリカンフットボールのスーパーボウル（ＮＦＬ優勝決定戦）に代表されるプロスポーツの祭典の合間に著名アーティストがコンサートを行い、高い視聴率、法外なＣＭ放映料がしばしば報道されてきたが、代々木競技場においてはバレーのみならずフィギュアスケートの国際大会が開かれ、高視聴率の放映ビジネスが実現している。一般にスポーツの生中継とニュース報道はテレビメディアと相性がよいとされるが、今後はスポーツコンテンツをインターネット配信とどのように結び付けるかが21世紀の代々木競技場の経営戦略を考える上で重要な論点になると予想される。

後者について、代々木競技場は竣工直後から地盤沈下、壁のひび割れなどが発生し、新聞紙面で大きく取り扱われてきた。１９７０年代に入ると屋根面の劣化が指摘され、丹下自身も要望書を大臣に提出しつつ、保全改修を強く訴えた。丹下を含めた関係者の尽力もあり、１９８０年代からは大規模な保全改修工事が行われ、１９９０年代には第一体育館北側の増改築を行い、大規模イベントの開催が容易にできるようになった。その後、園地に多くのイベントを誘致できるよう外構の整備も行われ、２０００年代にはアスベスト除去、バリアフリー、耐震といったさまざまな要求を満たす改修が行われた。

こうした中で、第一体育館は20世紀末にプール利用をやめ、床利用を本格化させたが、プールを成立させるためのさまざまな機械設備を取りやめることで活用可能なスペースを生みつつ、維持管理費が削減できた。同様にプールをやめることで図らずも室内湿度を常時低下させることに成功し、施設の長寿命化に貢献したと考えられる。

さらに近年の改修工事では竣工から半世紀経過した代々木競技場が歴史的な建造物として位置付けられ、意匠上配慮すべき部分については、原則、原形を維持することが謳われた。施設管理者自らが代々木競技場を文化財として評価し、丁寧な改修を心がけることは、今後代々木競技場の世界遺産登録を目指す上で重要な取り組みとして評価されるであろう（図5-11、12、13、14）。

1 「国立競技場　施設一般利用規程の改正にあたって」『月刊国立競技場』1974.10, p.6
2 金田智成「国立競技場におけるスポーツの普及事業」『月刊国立競技場』1976.10, p.2
3 編集部「昭和46年度 国立競技場利用状況について」1972.04, p.5
4 国立競技場50年史編集委員会編『国立競技場50年の歩み』2012, p.44
5 増田幹介「昨年度（昭和45年度）国立競技場」『月刊国立競技場』1971.04, p.2
6 国立競技場50年史編集委員会編『国立競技場50年の歩み』2012, p.39
7 金田智成「国立競技場におけるスポーツの普及事業」『月刊国立競技場』1976.10, p.3
8 国立競技場50年史編集委員会編『国立競技場50年の歩み』2012, p.52
9 第二業務部業務課「代々木競技場改修工事状況」『月刊国立競技場』1984.08, pp.2-3
10 編集部「昭和48年度国立競技場利用状況」『月刊国立競技場』1974.04, p.6
11 「国立競技場　施設一般利用規程の改正にあたって」『月刊国立競技場』1974.10, p.7
12 須川育春「代々木競技場第一体育館フロアとしての利用の変遷」『月刊国立競技場』1982.09, pp.2-5
13 山口栄一ほか「座談会：国立競技場の運営をめぐって」『月刊国立競技場』1978.12, pp.5-11
14 五十嵐久史、赤谷達夫「代々木園地の利用リポート：恵まれた環境生かし広場催事は年々増加」『月刊国立競技場』1995.07, p.4
15 五十嵐久史、赤谷達夫「代々木園地の利用リポート：恵まれた環境生かし広場催事は年々増加」『月刊国立競技場』1995.07, p.4
16 五十嵐久史、赤谷達夫「代々木園地の利用リポート：恵まれた環境生かし広場催事は年々増加」『月刊国立競技場』1995.07, p.2
17 第二業務部業務課「スポーツの万博 国際スポーツフェア'83秋 盛況のうちに終了」『月刊国立競技場』1983.10, pp.10-11
18 「春の高校バレーを振り返って」『月刊国立競技場』2010.07
19 総務部施設課「昭和56年度代々木競技場施設改修工事概要」『月刊国立競技場』1982.10, pp.8-9
20 清水幸明「国立競技場代々木競技場第一体育館の照明改修」『月刊国立競技場』1983.05, pp.10-11
21 第二業務部業務課「代々木競技場改修工事状況」『月刊国立競技場』1984.08, pp.2-3
22 五十嵐久史、赤谷達夫「代々木園地の利用リポート：恵まれた環境生かし広場催事は年々増加」『月刊国立競技場』1995.07, p.3
23 関将吾「新規獲得とリピーター確保で目標を大幅に上回る前年比68％増代々木競技場スケート場（1/6～2/13）の集客作戦」『月刊国立競技場』2001.04, pp.4-5

24 宮林尚壽「平成5年度施設改修工事概要：北側ロビーの沈下防止プロムナード敷石完成」『月刊国立競技場』1994.04, pp.7-10
25 宮林尚壽「代々木サブプール3度目の大改修を終えて：清潔感向上し円滑運営・快適利用手狭な更衣室・シャワー室も拡張」『月刊国立競技場』1995.04, pp.8-11
26 「コーヒーブレイク：巨大な工作物が視界から消える」『月刊国立競技場』2002.06, p.11
27 「国立代々木競技場アスベスト除去工事について」『月刊国立競技場』2006.11, p.8
28 「国立代々木競技場施設改修工事」『月刊国立競技場』2010.09, pp.8-9
29 福手孝人「『国立代々木競技場耐震改修工事プロジェクト』の記録―歴史的建造物の改修―」日本スポーツ振興センター 2019.11.01

第 6 章　まとめ

第12回オリンピック東京大会が無事終了して一年後の1965年11月、丹下は「空間と象徴」というエッセイの中で抽象化と象徴化の違いに触れている。丹下の説明によれば、前者が意味を捨象してゆく過程であるのに対し、後者はそこにこめられた意味を濃縮したかたちに昇華させる過程であった。そして現代社会において国立代々木競技場がもつ象徴としての意味を以下のように論じている。

「オリンピック屋内総合競技場の設計にあたっても、きわめて漠然とではあったが、空間がもつ心理的・情緒的あるいは精神的な表現性といったものを意識していた。それは、フィジカルなものとメタフィジカルなものの間に通ずる通路のことであったといってもよいだろう。それはまた、現代精神の象徴は何か、などという大げさなものではなかったが、しかし、こうした問題への初歩的なひとつのアプローチであったかもしれない。

この国立屋内総合競技場が幸いにも国際オリンピック委員会ＩＯＣから「オリンピック・ディプロマ・オブ・メリット」を贈られたとき、ブランデージ会長は次のような言葉でその理由を説明した。スポーツが建築家の仕事を鼓舞し、一方数多くの世界記録がこの競技場でつくられたことによっても分かるように、この作品が選手たちの力をかきたてたといえるのではないだろうかと。さらに続けてこの屋内総合競技場は、都民ばかりでなく、ここを訪れる人びとに、感銘深い思い出となるであろうし、また幸運にも大会に参加できた人びと、またここで開かれた競技をみることができた、美を愛する人びとの記憶のなかに、はっきりと刻みこまれるであろう――と。

　これらは、私たちには過分の讃詞であった。しかし私はむしろ、そのなかに、重要な問題が喚起されているということに、深い感銘をうけたものであった。

　そのひとつは、建築空間と人間精神のふれあいについてこの建築が成功したか否かよりもその重要性を指摘されたということであった。もうひとつは、記憶されうるような建築空間が、人間形成の場として重要なものである、という考えかたを教えられた点であった。[1]」

　東京オリンピックという国家イベントに際し、丹下は競技場に求められるメタフィジカルな表現性を強く意識しながら、一万人を超える観衆を招き入れるフィジカルな屋内施設を実現した。かつて建築家ミース・ファンデル・ローエは1924年の講演の中で「建築は空間的に捉えられた時代精神である」と指摘したが、IOC会長の賛辞を額面通り受け取れば、代々木競技場はフィジカルに捉えられた現代精神の象徴となり得た、と考えられる。

　また丹下は、IOC会長からの賛辞から建築空間と象徴に関するふたつの論点（建築空間と人間精神のふれあいの重要性、人間形成に際し人々の記憶に刻まれる建築空間が持つ重要性）を抽出している。オリンピック開催以後も半世紀以上にわたって代々木競技場で国内外の選手が集うスポーツ競技、華やかな文化イベント、国家的催事が途切れることなく開催されたことを振り返ると、建築空間と人間精神のふれあいの重要性、人間形成に際し記憶される建築空間がもつ重要性が絶えず確認されてきた、といえよう。

最後に本書をまとめるにあたって、第1章と第5章を対照しつつ、第2章のフレームを使いながら第3章と第4章の概要を振り返ってみたい。

まず第1章では代々木競技場に関する膨大な数の新聞記事を渉猟しながら、一般利用者から見た代々木競技場の来歴を俯瞰した。また第5章では『月刊国立競技場』という専門誌を駆使しながら施設管理者から見た代々木競技場を俯瞰した。第1章を通じて把握できた代々木競技場とは、スポーツの殿堂、エンタメの檜舞台、国家の催事と五輪レガシーの3つの意味が重なり合う施設であった。それとは対照的に第5章を通じて把握できる代々木競技場とは、景気変動に揺さぶられながら国立スポーツ施設に求められる役割を果たすのと同時に、保全管理が極度に困難な巨大施設のリアルな姿であった。総じて、竣工から半世紀以上経過してなお美しいシルエットを維持し、利用頻度の高い多目的施設として代々木競技場が多くの市民に利用されてきたことは特筆に値する。さらに、丹下は基本設計図書の中で「都市景観の中でスポーツの高揚を暗示し、集り来る人びとがこれから中で行われる競技に対して抱く期待に背かぬような美しい外観と印象的な配置を形作る」と記したが、その設計意図が今日まで継承されている点で、代々木競技場が五輪のレガシーとなったと評価できよう。

次いで、第2章で丹下健三の都市デザイン・建築デザインの特徴を5つ挙げたが、代々木競技場ではそれらの特徴が遺憾無く発揮され、丹下作品の中でも最も高い水準で統合されていると考えられる。今一度丹下の5つの特質から代々木競技場を理解すると以下のように整理できる。

第1の近代と伝統について、代々木競技場は吊り屋根で構成されているが、吊り屋根はサーカスの天幕のごとく、軽い屋根表現を目指すことが多い。例えばミュンヘン・オリンピックのスタジアムの吊り屋根では透明な幕を利用している。これに対して、代々木体育館の吊り屋根は重厚な鉄板表現を用いており、これは東洋における寺院伽藍特有の重厚な瓦表現を彷彿とさせる。

第2の戦争と平和について、3章で触れたとおり、もともと陸軍練兵場として活用され、終戦直後にGHQの占領地（ワシントン・ハイツ）に転用されたのち、平和の祭典を謳うオリンピック会場に転用された。この点で、代々木の地は20世紀の日本の歩みを克明に刻む場所であり、丹下はこの地に万国のスポーツ選手が集い、競い、互いの功績を讃え合う競技場をデザインしたのである。

第3の戦後民主主義と庁舎建築について、都市のコアと建築のコアの有機的統合がテーマとなっているが、丹下は代々木競技場に集う数万人の観客・大会役員・選手・貴賓というさまざまな階層の人びとのアクティビティを敷地の高低差をうまく活用して捌きつつ、一体として統合している。

第4の大空間への挑戦について、50年代まで取り組んだコンクリートによるシェル構造屋根は規模が大きくなるにつれ、施工不良による瑕疵が問題化した。こうした経験を踏まえ、直径120mほどの円を内包する代々木体育館では吊り屋根が用いられた。

第5の高度経済成長のデザインついて、渋谷駅と原宿駅の中間に位置する好立地に近未来的なデザインを駆使して計画され、世界に向けて日本の戦後復興と高度経済成長を高らかにアピールする象徴となり得た。

以上5つの点から、代々木競技場は20世紀日本のカルチュラル・ヘリテージと呼ぶにふさわしい施設であり、世界遺産登録に値する建築といえるだろう。

1　丹下健三「空間と象徴」『建築文化』1965.11, pp.102-103

クレジット一覧

●写真・図版提供

朝日新聞フォトアーカイブ　図1－1～3、5～8、10～14、3－1、2、4、4－24、26、5－1、5
内田アーカイブ　図2－2～13、17～19、24、26～28、30、31、33、38、39
川口衞構造設計事務所　図4－31、36～38、44
川崎市立岡本太郎美術館　図2－25
関東地方建設局営繕部『国立屋内総合競技場施工記録』図4－9、34
『月刊国立競技場』1965.8.25　図1－9
同　1969.10.25　図5－2
同　1992.5.25　図5－6、7
同　1993.1.25　図5－4、9
同　1995.2.25　図5－3
同　1995.7.25　図5－8、10
『建築』1965.06　図2－35
『建築雑誌』1942.12　図2－14
同　1949.11　図2－15～16
『建築文化』1958.02　図2－32
同　1965.1　図4－5～8、29、30
後藤・安田記念東京都市研究所所蔵、復興局編「大東京都市計画 道路網図」(1:50,000)　図3－3
小山正和『デペンデントハウス』技術資料刊行会　図3－9、10
国立公文書館所蔵「文部省代々木選手村渋谷口全面広場の整備について」原議書地体第6号　図3－12
清水建設株式会社　図4－1～4、27、28、32、33、35、39～42、45～50
『新建築』1967.04, p.167より書き起こし　図2－41、42

丹下健三・坪井善勝・井上宇市「屋内総合競技場基本設計の経過と要望」国立公文書館所蔵　1962.5.8（文部省：「屋内総合競技場建築設計者委託について」原議書文体運第98号 決裁：1962.3.28 添付書類）図4-10～23
『中央公論』1965.1, p.67より書き起こし　図2-2-44
東京市役所『第12回オリンピック東京大会東京大会報告書』図3-5、7、8
東京都公文書館　内田文庫所蔵　図3-6
東大建築学科図書館　図2-1
東大生産技術研究所川口健一研究室所蔵、構造設計坪井研究室：国立屋内総合競技場の構造計算書その1　図4-25
豊川斎赫『丹下健三』岩波新書 2016 図2-23
日刊スポーツ　図1-4
日本スポーツ振興センター　図5-11～14
槇 文彦・神谷宏治著『丹下健三を語る：初期から1970年代までの軌跡』鹿島出版会 2013 図4-43
山田正男「東京オリンピックと交通問題」『新都市』図3-11

※特記なきものは著者提供

●編集協力
南風舎

本書はアメリカン・エクスプレス及びワールド・モニュメント財団からの協力を得て出版されました。

豊川斎赫（とよかわ・さいかく）
建築家、建築史家。1973年宮城県生まれ。千葉大学工学部総合工学科都市環境システムコース准教授。工学博士、一級建築士。東京大学大学院工学系建築学専攻修了後、日本設計を経て現職。「TANGE BY TANGE 1949-1959」展（TOTOギャラリー・間、2015）ゲストキュレーター。著書に『群像としての丹下研究室』（2012年、オーム社、日本建築学会著作賞）など。

TOTO建築叢書 12

国立代々木競技場と丹下健三
成長の時代の象徴から、成熟の時代の象徴へ

2021年3月1日　初版第1刷発行

著　者　豊川斎赫
発行者　伊藤剛士
発行所　TOTO出版（TOTO株式会社）
〒107-0062 東京都港区南青山1-24-3 TOTO乃木坂ビル2F
［営業］TEL. 03-3402-7138 FAX. 03-3402-7187
［編集］TEL. 03-3497-1010
URL: https://jp.toto.com/publishing

印刷・製本　株式会社暁印刷

落丁本・乱丁本はお取り替えいたします。

本書の全部又は一部に対するコピー・スキャン・デジタル化等の無断複製行為は、著作権法上での例外を除き禁じます。

本書を代行業者等の第三者に依頼してスキャンやデジタル化することは、たとえ個人や家庭内での利用であっても著作権上認められておりません。

定価はカバーに表示してあります。

©2021 Saikaku Toyokawa
Printed in Japan
ISBN978-4-88706-388-4